# 비행운이
# 사라지기 전에
# 남긴 이야기

# 비행운이
# 사라지기 전에
# 남긴 이야기

이재성 지음

길을 묻는
MZ세대에게 전하는
희망과 자존감의
메시지

대한항공
수석기장으로
은퇴하기까지,
리더십으로 극복한
긴박한 순간들

강단과 소신으로 역경을 돌파한 40년의 비행 여정

결코 평범하지 않은 진솔한 인생 이야기

인생의 그랜드슬램을 향한 자기계발의 여정

북플레이트

문득… 문득…

지난 일들이 가로수가 스쳐 가듯 머릿속에 잔상으로 남습니다.

굳이 말을 안 해도 되는데, 하고 싶어 어쩔 줄 모르는 사람처럼 되어 버렸습니다.

해가 바뀌고 봄이 오는 길목에서 다시 오지 않을 기억들을 비행운飛行雲처럼 형태가 흐트러지기 전에 붙잡아 두고 싶습니다.

내 삶은 엘리트 코스가 아니었고, 마이너리그를 도약의 발판을 삼아, 근면과 성실을 바탕으로 꿈을 일구었습니다.

누구에게나 있을 법한 이야기이지만, 환경의 차이가 만들어낸 운명적인 여정이기도 합니다.

아스팔트 길은 평탄하고 편해 보여도, 이내 물집이 쉽게 잡히고 무릎에 무리가 오기 마련입니다.

조금 불편한 듯 걷는 흙길은 돌아가는 듯해도, 한 걸음 한 걸음 옮기는 건강하고 가장 안전한 길이 되어 주었습니다.

자랑할 거까지는 아니지만, 부끄럽지 않은 지난 발걸음을 친구처럼 이야기하고 싶었습니다.

때론 영웅담처럼, 때론 소소한 일상처럼… 내 발자취는 아쉬움도 적지 않았습니다.

아팠던 기억을 되돌아보고, 그것을 새롭게 밑천으로 삼았습니다.

나와 비슷한 처지이거나, 꿈을 향해 열정적으로 미래를 개척하는 이들에게 타산지석他山之石, 희망의 밑그림이 될 수도 있으리라 믿습니다.

"이런 길도 있었구나", "나도 할 수 있겠구나"

지금 당신의 작은 걸음이 내일의 큰 성장을 만들어가는 멋진 여정이라 믿으며 응원합니다.

내 삶의 길동무는 다름 아닌 '하늘'이었습니다. 낮은 곳에서 더 높은 곳으로 날아올랐으며,

바람 따라 흘러가며 햇살과 구름, 은하수 총총한 별빛과 함께 살아왔습니다.

때로는 고요히 바라보며 위로받았고, 때로는 그 넓음을 닮고자 몸부림쳤습니다.

삶을 돌아보며 써 내려간 이 이야기가 누군가의 하루에 밝은 햇살이 되길 바라며, 이 여정을 시작합니다.

# 차례

## 1부 호롱불 켠 밤, 꿈이 피어나다



## 2부 플랜(plan) B를 설계한 청춘

## 3부    비행의 날개를 펴다

# 6부  인생 그랜드슬램을 위하여

# 호롱불 켠 밤,
# 꿈이 피어나다

# 개울에서
# 썰매 타던 소년

한국전쟁 끝나고 수년이 지난 후 필자는 경북 상주 모동에서 삼남매 장남으로 태어나서, 유년 시절은 옆면 소재지 모서에서 자랐다. 전 후 복구가 한창이던 때, 경제는 피폐하고 대부분의 국민들은 극심한 가난 속에서 생활하였고, 미국의 원조를 받아 사회를 재건하는 과정이었다. 도시지역에는 천막과 판자촌이 형성되었고 먹을 것이 부족해서 보리 밥, 강냉이 죽, 감자 등으로 끼니를 해결해야 했는데, 우리 농촌 지역에서는 크게 다를 바 없지만 나물을 캐서 약간의 쌀보리를 썩어 죽을 끓여서 많은 식구들이 함께 배를 채우곤 했다.

우리 마을 앞에는 개울 치고는 많은 물이 흐르는 하천이 있다. 이곳은 마을 사람들의 모든 터전이다. 세수와 빨래는 물론이고, 춥지 않은 밤에는 목욕도 하였으니 이렇게 저렇게 공동 생활의 공간이었다. 겨울에는 아이들의 천연 놀이터 시설이다. 당시 추위야말로 시베리아 버금갈 것이다.

　한겨울 강추위는 개울물이 10~20cm 두께로 얼어 바닥 모래가 투명하게 보일 정도로 빙판 위에서 뒹굴고 팽이 치고 썰매 타고 볏짚만으로 공을 만들어 축구놀이를 했다. 양날로 만든 것이 기본이고, 몇몇 친구와 형들은 날 하나로 만든 얼음 썰매를 탔는데, 균형 감각이 매우 요구되는 이것은 새로운 도전이었다. 개울가 가장자리 언 곳만 있으면 윗동네 아랫동네를 오가며 자랑과 친선 놀이를 하곤 했다. 그렇게 하루 종일 놀다 옷도 젖고, 추위에 떨다, 옷과 양말을 말리려고 불을 지피면 나일론 소재는 열에 오그라든다. 집에 돌아와 당연히 어머니에게 크게 야단맞았다. 속내의를 갈아입고 아랫목에 누우면 달나라 꿈속 여행으로 바로 떠났었다.

　겨울 방학이 끝나고 학교에 가면 선생님이 위생검사를 한다. 주요 점검 내용이 몸에 기생하는 벼룩과 이 여부를 확인하고 하얀 가루를 몸에 뿌려 주었다. 이것이 소위 DDT 라는 해충 제거 살충제였다. 우리는 공부 안 하는 즐거움으로 시간을 보냈다. 지금도 냄새가 연상될 정도로 강한 약이었다는 느낌과 이후 매우 인체에 해로운 것이어서 사용 중지되었다. 어머니가 다른 살충제를 조그마한 주머니를 만들어 옷에 달아주고 벼룩과 이를 잡아주곤 했다.

또한, 평소 추위에 제대로 씻지들 못하는 우리는 손이 얼어서 손등이 갈라지고 아픈 나머지 피가 나니, 선생님은 반 친구들을 인솔하여 냇가로 향했다. 찬 개울 물에 손을 불리게 해서 작은 돌로 손등에 때를 벗기고 검사를 받았다. 얼추 반나절을 그렇게 보냈던 걸로 기억된다.

한편으로 즐거움이 있었으니, 점심시간이면 옥수수 빵과 전지분유가 배급되어 서양의 맛을 느끼는 최초의 과정이었다. 그럼에도 열악한 환경과 영양 공급이 어렵다 보니 국민 대다수가 기생충 감염이 심해서 "기생충 없는 나라 만들기" 목표로 검사와 구충제 복용하였고, 1980년대 들어 삶이 나아지면서, 감염이 줄고 현재 사라졌다고 본다.

내가 초등학교 3학년 올라 갈 무렵인 1968년 1.21 김신조 침투 사건으로 남북관계 군사적 긴장이 더욱 격화되고, 비로서 당시 박정희 대통령은 애국심을 고취하고 국민 단결을 위한 국민교육헌장을 그해 5월 발표한다. 온 국민 외우기 테스트가 실시되고, 우리반 학생들은 발표 당일 다 외운 순으로 교실을 나갈 수 있었다. 그렇게 집으로 오는 오후 들녘에는 아지랑이가 피어 오르고 하얗고 노랑나비들이 함께 춤추고 다닌다. 논에서는 소와 한 몸이 된 동네분들이 논농사를 위한 쟁기질을 한다.

소변 보는 장소는 어디든 제한이 없지만 대변 보는 장소는 확실하게 정해져 있다. 보리 이삭이 올라와 골에 자세를 잡으면 은폐가 용이하기 때문이다. 돌다리를 건너가서 모래톱, 자갈 밭을 그냥 지나칠 수 없다. 작은 물때새들이 알을 놓고 부화를 위해 열심히 품고 있는 모습을 한참 뚫어지게 보자 경계하고 당황하면서 소리 지른다.

우리동네를 흐르는 하천은 당시 1급수 수준이다. 당시 오염이 될 만한 요인이 없기 때문이기도 하지만 생태계를 유지하는 자연천이라 각종 민물고기가 많이 서식하고 있었다. 나는 벌거벗고 개울로 뛰어들어 손으로 돌사이와 모래를 더듬으며 피라미, 모래무지, 참붕어 등을 잡았다. 당연히 물안경 없이 눈을 부릅 뜨고 물속을 유영하며 물고기를 쫓아다녔다.

특히 모래무지는 내장을 따내고 초장을 만들어 깻잎에 통마늘을 넣고 한입 싸서 물고 꼭꼭 씹으면 비린내 없이 고소할 정도로 묘한 맛을 내는데, 훗날 바닷고기 횟감을 더 즐기게 되는 계기가 되었다. 요즘은 각종 오염 원인으로 인해서 날로 민물고기를 먹는 것은 위험하다. 간디스토마 등 감염이 될 수 있는 경우가 많고, 간염 질환으로 고생을 할 수 있다. 나는 다행히 당시 환경적인 요인 즉, 좋지 않은 위생 상태로 바이러스에 노출되었으나, B형간염은 항체가 생겨서 면역기능 있는 것으로 확인되었다. 대부분 베이비부머 세대들은 비슷한 상태라고 보면 될 거 같다.

# 애견 캐리와
# 팔방미인

우리집에는 할아버지 할머니를 모시고 부모님과 동생 둘이 살고 있었다. 금잔이라는 동네에 살다가 초등학교 4학년경 행정구역이 동일한 새밭들로 이사를 오게 된다. 새밭들이란, 하천의 물줄기를 돌려서 수만형 하천부지를 농사가 가능하도록 새롭게 개간한 들로서, 당시로는 큰 농촌 개간開墾사업이었다. 이를 위해 외딴집을 짓고 논을 만들고 밭을 일구어 아버지는 옥토를 일구셨다. 과정을 기억하면 아버지는 지하수를 개발하고 밤낮없이 물을 퍼 올려 개간한 논에 공급했다. 그러나 애초 논은 모래땅으로서 공급된 용수는 바닥으로 스며들어가니 넓은 들판에는 급수를 위한 발동기 소리가 밤낮 그칠 날이 없었다.

수년을 관리한 결과 벼농사를 짓게 되고, 나아가서 밭에는 복숭아 과수원도 생겼다. 봄철 복숭아 꽃이 만발하고 여름철이 오면 복숭아 익는 달콤한 향기가 코를 찔러서 오가는 사람들이 많았다. 당시 판로가 마땅하지 않으니, 어머니는 장터 가게에 직접 납품을 하시곤 했다. 주로 황도 복숭아가 많아 저장이 어렵고, 채산성이 떨어져 이후 사과나무로 전환시키는 상황이 되었다.

할아버지께서는 한학을 공부하시고, 경주 이씨 상주 종친 회장을 하셨다. 늘 양복을 즐겨 입으시고, 때론 한복에 중절모를 쓰시는 당시 시골에서는 유식한 분으로 통했다. 흔들어서 충전하는 세이코<sup>Seiko</sup> 손목 시계를 차고, 소형 올림푸스 카메라를 가지고 다니시면서 문중 행사시에 주로 활용하셨다. 내가 중학교 다닐 때부터는 거의 내 카메라 같이 자주 사용하였다. 할아버지 시계는 자주 멈추어 있었다. 그도 그럴 것이 팔 움직임이 없으시니까. 시계 탭을 손목 흔들어 감아 줘야 해서 내가 차고 학교에 가기도 했다.

나는 할아버지 할머니와 늘 겸상으로 식사를 했고, 붓글씨 쓰실 때는 벼루 먹을 갈아 드렸다. 곁에서 신문지에 따라서 연습한 붓글씨 실력이 그 나이에 수준급이라고 선생님으로부터 평가도 받았다. 서당개가 풍월을 읊은 격이다. 아침 등교하기 전에는 항시 해야 할 일이 있으니, 빗자루로 마당 쓸기와 풀베기였다. 할아버지의 지침은 거

역도 못하고, 어린 마음에 내심 짜증이 날 수밖에 없었다. 이유 중 하나는 아버지는 나에게 일하라는 말씀을 전혀 안 하시는데 말이다.

아버지는 4형제중 둘째 임에도 부모님을 모시는 경우이다. 큰아 버지는 한국전과 월남전 참전 용사로 당시 육군 대령으로 서울 쪽에 근무하셨다. 작은 아버지 두 분은 대구에서 사업하셔서 편하게 계실 수 있는 우리집에 모셨다고 들었다. 좀 커서야 알게 되었지만 할머니 께서는 아버지를 낳아 주신 분이 아니고 키워 주신분이다. 학교 다녀 오면 꼭 나를 불러서 다리 주물러 달라고 하셨다. 수고했다고 보상을 해주셨는데, 사탕과 한과 등등 할머니 방에는 먹을 것이 많이 있어서 자주 가게 되고 즐거이 안마를 해드렸다.

사실 아버지는 결혼해서 충북 옥천에서 공무원을 하셨다. 그 곳 에는 외갓집이 있었다. 우리나라 유교적 가족 문화에서 장자가 부모 님을 모셔야 하는데, 장남이 이곳저곳 다니며 군에 계셨으니 차남인 아버지가 고향으로 내려와 농사 지으며 할아버지 할머니를 모시게 된 것이다. 어머니는 할아버지 할머니를 정성스럽게 모셨고 바쁜 농 사일에도 매년 14분의 조상님 제사를 정성껏 모셨다. 당신의 운명이 고, 가족을 위한 최소한의 도리라 생각하셨다. 할아버지께서 살아 생 전에 나의 어머니 칭찬의 말씀을 많이 하셨던 기억이 생생하게 있다.

몇 해가 지나서 새밭들은 논농사와 함께 사과 과수원으로서 면모를 갖추게 되고 아버지의 농사 범위는 더 넓어진 상황이 되었다. 수시로 일꾼들을 외부에서 구해야 했다. 그 당시는 사과나무는 퇴비를 나무 주위에 뿌리 주는 것이 아니라 웅덩이를 깊게 파고 그곳에 인분을 넣고 덮었야 했기에 많은 인력이 필요했던 것이다. 그런 노력으로 겨울철에도 잎이 파랗게 가지에 붙어 있을 정도로 튼튼하게 잘 자라고 맛난 사과를 생산하게 되었다. 부사가 주종을 이루고 있었으며, 홍로 아오리 등 조생종도 있었다.

수 천평 과수원 울타리가 허술하고, 키우던 황구는 넋 놓고 있다 보니 아무리 시골 인심이지만 도난 사고가 빈번하게 일어났다. 그렇다고 경찰 신고 같은 행동은 이웃 간에 불화만 생겨서 자제를 하는 것이 상례였다. 이후 황구가 자기 밥 먹는 모습을 봤다고 순간 나의 오른 손목을 물고 말았다.

다행히도 푸른 정맥을 비켜서 속살이 보일 정도로 어금니가 지나갔고, 지혈과 응급처치가 되었지만 당시 급하게 병원으로 갈 생각은 못하고, 전통적인 방법으로 장독에서 된장을 퍼와 상처에 바르고 천으로 묶어 두었던 것으로 기억난다. 신기하게도 큰 아픔 없이 지나갔고 아물었다. 상처가 얼마 나 컸는지 지금도 오른 손목 그 위치는 어금니 자국이 1cm 조금 넘게 선명하게 남아 있다. 이후 황구의 모습은 보이지 않았고 아버지에게 물어보지도 않았다.

어느 날 학교서 돌아오니 초면인 검은색 강아지가 보였다. 좀 특이하게 생겼던 기억이 생생하다. 평소 보던 황구하고는 너무나 다른 모습이었다. 주둥이가 유난이 길고 발이 엄청 크다는 생각을 했고, 몇 개월 안된 새끼라는 사실에 놀랐다. 자초지종 물어본 결과 독일산 셰퍼드라고 했다. 할아버지께서 지인으로부터 분양받았다는 말씀이었다.

이름을 "캐리"라고 불렀다. 그렇게 부르는 것이 좋겠다는 보내주신 분의 뜻이었다. 하루가 다르게 성장하는 모습을 보니 솔직히 두려울 정도였다. 예전에 황구를 키울 때처럼 개밥만 먹여서는 제대로 클 수 없다는 것이었다. 고기 종류 등을 포함해 잘 먹여야 한다는 말인데, 개밥이라는 게 어떻게 더 특별할 수 있겠는가? 가끔 아버지는 장터 고깃집에서 돼지 뼈다귀를 가져와 솥에 고아 먹이곤 하셨다.

캐리는 나의 말을 잘 듣고 따르는 것이 참 신기할 정도로 영리하다. 학교 다녀와서는 이 녀석하고 놀러 다니는 것이 일상 같이 되어버렸다. 동네에 산과 들이라는 든든한 가드를 둔 나는 세상을 얻은 느낌이었다. 캐리는 성장 과정에서 털갈이를 많이 했다. 일 년 정도 후 두 귀는 길고 쫑긋하게 세우고 꼬리는 길게 아래로 내려 깔아 끝은 살짝 올려주니 멋진 성체가 되었다. 밤에는 과수원의 지킴이로 임무를 다하는데 놀라운 사실을 발견했다. 보통 개는 이 사람 저 사람이라도 지나가는 물체가 있으면 짖어댄다. 캐리는 달랐다. 우리집 식구가 오면 반가워 끙끙대는 정도 외에 절대 짖지 않았다.

외부인들이 과수원 주위를 지나간다고 다 짖지 않는다. 우리집 방향으로 이동하는 발 자국 소리를 인지하고 짖는 소리를 낸다. 하루는 동네 놀러 갔다가 어느 가을날 달빛 밤에 친구들에게 직접 사과나무에서 따서 먹게 하려고, 과수원 외곽에 접근해서 작업을 했는데도 조용했다. 영리한 캐리는 내가 그 곳에 있다는 사실을 인지하고 있었다. 친구들 보내고 집으로 오니 끙끙거리며 반겨 주었다.

내가 타고난 재주가 있었는지, 어쩌다가 사생대회 작품이 상주교육장상으로 입선을 했다고 선생님께서 말씀하셨다. 나는 이를 계기로 꽤나 많은 크레파스를 사용했다. 다른 친구들은 열 가지 색 내외의 크레용을 사용했는데 나는 스물네 가지 이상의 크레파스를 사용하면서 교실의 미화 작업을 도맡아 했다. 미술 시간이면 내 세상을 만난 듯 마음이 들떴다.

풍경화를 주로 그렸는데 어린 눈에 비치는 사시사철 시골 풍경을 하얀 도화지에 옮겨보고 싶은 충동이 나타났다. 얼마 전까지도 어반 스케치Urban Sketch를 배워 볼까 생각을 했다. 초등학교 이후로는 실천해 보지 못한 그리움이 현실로 이루어지는 그 순간 나는 또 새로운 동심으로 회기 할 거 같다. 우스갯 소리로 이후 못 본 친구들은 만나면 내가 그림쟁이가 되었을 거라고 예상했단다.

시골 친구들 중에는 책가방을 메고 먼 등굣길을 산 고개를 넘고 들길을 건너 뛰어다녔다. 이 중 한 친구는 달리기를 엄청 잘해서 어린 마음에 범접할 수 없었다. 우리는 이후 6학년 때 핸드볼팀에서 만났다. 나는 5학년 때 우연히 핸드볼 코치 선생님에게 발탁되어 유일하게 6학년 형들과 운동을 하게 되었다. 골키퍼 선배는 내가 던지는 강한 슈팅을 힘들게 막았다. 핸드볼은 순발력과 공 패스를 할 때 상대를 속이는 재치가 요구되는 경기이다. 손이 작은 나는 가죽공에 밀리 고, 째지고, 피가 나기도 했고, 결국 오른손 검지 첫마디는 지금 봐도 지문 일부가 없다.

열악한 운동 환경이지만 학교의 명예를 위해 열심히 했다. 운동화를 신고 뛰는 선수들이 몇 안 되었다. 맨발의 청춘들이다. 유니폼은 당연히 없어 각자 검정 반바지를 입고 상의는 흰 러닝구에 검정 백 넘버를 학교 등사기로 찍어서 입고 상주군 초등학교 대회에 참가하기도 했다. 방과 후 핸드볼 연습을 하는데 얼마나 힘들었는지 다리가 마비가 오니까 아버지는 다리 마사지와 이불을 높게 쌓아서 올려

놓게 해 주셨다. 아무래도 내가 육식을 못해서 피로가 더 쌓인 것이 아닌가 하는 합리적인 의문도 들었다.

6학년에 올라오니 내가 주장선수가 되어 팀을 이끌게 되었고, 때로는 여자 선수들과 연습 경기도 하였다. 그 나이에는 생물학적으로 여자들이 성장 속도 빨라서 남자선수들 보다 체격이 훨씬 컸다. 핸드볼 경기가 몸싸움이 많아서 가슴 발육 상태가 큰 여자 선수들과 신체 접촉이 싫지는 않았는데, 덩치를 앞세워 악착같이 파울을 유도하는 경우에는 힘들게 경기했던 기억이 선하다.

봄철에 상주시에서 도 핸드볼 선수권 출전을 위한 관내 초등학교 선발대회가 개최되었다. 전날 상주 시내 여관에서 하룻밤 머무는데 대낮같이 밝은 전깃불에 들뜨고, 맛난 밥상에 대만족하고, 탄산음료인 환타<sup>Fanta</sup> 오렌지 맛에 흥분했다. 다 마신 빈 병에 물을 넣고 다시 마셔도 그 맛이다. 전기 혜택을 받지 못하고 호롱불 밑에서 줄곧 자라온 우리들은 천지개벽을 경험하였다. 물론 하루에 한 번 다닐까 하는 달구지 같은 버스도 처음 타는 친구도 있었다.

나의 어머니는 작은 체구에 어릴 적에 몸이 아프셨고, 일제치하에서 초등학교 3년을 다니셨단다. 나중에 안 사실은 명확한 원인불명으로 알고 있는 구안아사<sup>Bell's Palsy</sup>로 인해 고생하셨다는 말씀을 하신 적 있고 어린 마음에 상처가 크셨던 같다. 장날 외출 준비로 화장을 하시는 어머니 고운 모습은 많이 봐왔지만, 전혀 눈치채지 못할 정도다.

음식 솜씨가 좋고 의례와 법도를 많이 알고 계셨기에 마을 관혼상제 등 큰 마을 행사 있는 날은 필히 참석 대상으로 자동 선정되었다. 그만큼 활동적이신 분으로 당신의 아들 핸드볼 연습하는 모습을 보시려 오지 않겠는가? 어느 날 사이다 한 박스를 머리에 얹어 학교 운동장을 방문하셨다. 어머니는 당신의 아들에게 팔방미인八方美人이란 관을 씌워 주셨다.


매우 긍정적이시고 배려심이 많은 분이다. 모든 세상의 어머니들은 자식에 대한 정성은 한결같을 것이다. 농촌 일, 집안일 등 활동 많으셨던 어머니는 아프지 않다고 하시지만, 허리로부터 이어지는 고관절이 문제가 있어 왼쪽 다리를 절고 다니신다.

60세들어 자전거를 배우셨고, 80세 초반까지도 자전거를 타셨는데, 이제는 마을회관이나 장터 가실 때 지팡이 대신 자전거를 끌고 이동하시는 거로 만족하신다. 어머니는 올해 구순이 되셨다. 주변 이모 세 분과 백모 한 분과 숙모 두 분 모두 저세상으로 가시니 내심 허무한 마음이 크셔서 예전 같지 않은 모습으로 앉아 계실 때가 많아 보인다.

# 싸움의 패자는
# 코피 터진 쪽

　호롱불 아래에서 가족들의 이야기는 동화속으로 들어간다. 조선시대까지 콩기름 들기름 동물기름으로 담은 낮고 넓적한 그릇에 심지를 이용해 불을 밝히던 등잔이 조금 진화되어 전기가 보급되기 전까지 많이 사용하던 조명 방식이 호롱불이다. '등잔 밑이 어둡다'는 옛 속담이 처음에는 이해가 안 되었다.

　그도 그럴 것이 어두운 방안 발광체는 등잔이 유일한데 어찌 그 밑이 어둡다는 말인가? 그래서 이야기 보따리가 끊임없이 나올법한 긴 밤 호롱불은 그 때를 살아온 우리는 추억이 많은 세대다. 어느 집이나 장날에는 필수적으로 큰 병에 등유를 산다. 집안 곳곳에 날이 어두워지면 불을 밝혀야 하니 미리 준비해야 한다.

　부엌에도, 안방에도, 사랑방에도, 마루에 것은 바람에 꺼지지 않도록 유리로 겉을 씌워 만든 상자 안에 넣어 빛을 발하게 한다. 마루 것은 멀리 떨어져 있는 뒷간에 갈 때 들고 이용하도록 했다. 겨울 추위에 일어나 그곳에 가기 쉽지 않으니 집안에는 어느 집이나 요강이란 간이 용기가 있었다. 그것도 방마다. 준비를 했고 특히 어린아이들은 대변도 볼 수 있도록 매우 활용도가 컸던 것이다. 뒷간에는 전설적으로 내려오는 각종 설화들이 입을 모아 내려와서 두려움을 갖고 있다. 어른이라도 컴컴한 밤에 혼자 뒷간에 가기가 힘들어 동반자를 깨워서라도 동행해서 볼일 보는 동안 밖에서 지켜줘야 했다. 아침에 일어나자마자 식구들이 제일 먼저 하는 일이 밤새 사용한 요강을 비우는 일이다.

또한, 당시 호롱불이란, 지금의 전기와 관련한 전등으로 얼마나 필요한 문명이었나 싶다. 겨울철 늦게 어둠에서 많은 식구들이 호롱불 밑에서 저녁을 먹기가 쉽지 않아서 대부분 해지기 전에 식사 해결을 했다. 농한기 긴 겨울밤 요기 거리가 필요했고, 밤참을 즐기는 생활 문화가 생겼다. 일반적으로 가마솥에 넣어둔 찬밥에 김장 김치를 길게 찢어서 먹었다. 때론 친구들과 진영을 나눠 화투 치고, 결과에 따라 패한 쪽이 약속된 밤참을 해결하기도 하였다. 여러 명이 크게는 닭을 잡아 삶고 백숙을 해 먹는 경우도 있었는데, 이는 당시 풍습으로 닭서리를 하기도 했다.

요즘은 절도라서 형사적 처벌 감이지만, 당시는 눈감아주고 모르는 척해주는 것도 삶의 지혜였다. 맛나고 좋은 음식을 만들 때는 담 넘어 옆집과 나누어 먹었고, 생일이라도 마을 집집마다 떡을 돌리면서 기쁨을 같이 하고 축하의 덕담을 나누었다.

낮이 되면 아이들에게는 온동네가 뛰어노는 놀이터이다. 대표적인 놀이가 숨바꼭질인데 하루가 지나고 이틀째 지나도 술래에게 잡히지 않으면 끝나지 않은 것이다. 숨은 사람을 찾는 놀이이니까 온동네 곳곳이 숨을 곳이 된다. 위치가 발견되고 누구 이름으로 찾았다 혹은 잡았다 외치면 잡힌 걸로 인정되고, 다시 한곳에 모이게 해서 놀이가 이어진다.

남자들이 주로 놀이를 즐겼던 것 중 하나는 자치기이다. 단단한 나무를 깎아서 만든 작은 막대 자치와 긴 막대가 놀이기구이다. 친구들은 이 놀이를 위해 개인장비를 휴대하고 다니기도 한다. 이 또한 온동네가 놀이 구역으로 선정되고 제외 지역은 별도로 정하기도 한다. 작은 막대 자치를 긴 막대로 쳐서 공중으로 날려 떨어지는 곳까지 긴 막대로 길 이를 재어 승부를 결정하는 놀이이지만 작은 막대가 공중에 떴을 때 상대팀에서 그것을 잡으면 공격과 수비가 바뀌게 된다.

시골에서는 한두 살 차이정도는 친구같이 놀기도 한다. 출생 신고를 늦게 하다 보면 형동생이 같이 취학하기도 하면서 같은 학년이라도 그 정도 차이는 보통 있는 일이다. 요런 애매한 관계를 이용해서 가끔 심심할 때 그 위에 형들이 싸움을 붙이기도 한다. 형들은 우리 친구들이 보이지 않은 세력 형성을 하고 있다고 생각하고 있었다. 사실 종배라는 친구는 희찬이란 친구를 방패로 뒤에 숨어서 나에게 시비를 걸었고, 나는 희찬이 장벽에 막혔다. 자웅을 겨루어 보지도 않았지만, 희찬이는 형이라는 큰 빽이 있어서 함부로 나는 대들지 못했다.

해거름이 지고 집집마다 굴뚝에 저녁 짓는 연기가 오를 때쯤에 역사적 사건이 벌어졌다. 좀 영향력 있는 형이 우리를 동구 밖 한 공터에 불러 모아서 분위기를 만들었다. "희찬이, 너 재성이 이기나?" 형이 묻는다. "이기지요!" 단호하게 대답한다. 또 나에게 형이 묻는다. "재성이, 너 희찬이 이길 수 있나?"라고 묻는다. 나는 대답하기를 "싸워 봐야 알지요!"라고 대답하였고, 순간 희찬이의 주먹이 움직이는 것을 감지하고 피하면서 내 주먹이 희찬이 코 정중앙을 타격하였다. 코피가 쏟아지는 희찬이 모습으로 상황은 어둡기 전에 정리되어 나는 새로운 강자에 오르게 되었다. 이후 종배라는 친구는 나에게 시비를 걸지 않았으며 희찬이 꽁무니에서 벗어 났다.

긴긴밤 어머니는 바느질을 주로 하신다. 옷이 주로 면 소재로 헤어지고 풀리는 옷가지가 많다. 시골의 아이들은 매일 땅바닥에서 뒹굴고 놀며 치고 박고 싸움들을 수시로 하니 옷이 성한 날이 없어 그럴 수밖에 없다. 어머니의 바느질 솜씨에 따라 아이들의 옷 맵시가 나타난다. 나는 호롱불 아래에서 숙제를 했고 졸다가 머리 타는 지지지 소리에 벌떡 깨곤 했다. 냄새가 방안에 진동하고 어머니 야단소리에 정신을 차려 숙제를 마무리했다.

해가 밝으면 전날 머리 태운 사건은 웃음거리로 변했다. 종종 아버지는 당신의 생각과 과거의 보고 듣고 느끼셨던 이야기를 풀어 놓으신다. 참 재미있었다. 내가 겪어보지 못한 딴 세상의 이야기이니 귀를 기울여 또 다른 곳을 여행하고 있었다. 태어나신 일제시대로부터 한국전쟁시 가족들 이야기 당신의 군대 생활 등, 밤마다 풀어 놓으신 그 보따리는 끝이 없다. 과거를 통해 현실을 점치기에 충분했다.

아버지의 군 생활은 한국전쟁 후 제주도 훈련소에서 시작하여 대구에 있는 2군 사령부 통신부대에서 근무하셨다. 말씀으로는 당시 미군장비를 인수받아 텔레타이프 형식의 문서형태의 전문을 취급하셨다고 한다. 황간 중학교를 산고개 길을 넘어 다니고, 전쟁 이후 징집되어 약 7년간 군복무를 하셨단다. 군 복무 중 근무 여건이 좋아 고등학교까지 졸업하셨다.

제대 후 27세에 중매로 어머니와 결혼을 하시고 옥천에서 호적을 담당하는 공무원으로 근무를 하셨다. 예전 호적부는 담당 공무원이 직접 작성하였기에 글씨를 잘 쓰시는 분들이 담당을 하신 거 같다. 사실인 것이 아버지 글씨 쓰는 솜씨는 타의 모범 이상이었다. 아기가 출생하면 동면사무소에 가서 직접 출생 신고를 하게 되는데, 이때 잉크를 사용하는 펜으로 기록을 하므로 호적 담당의 역할이 매우 중요하다.

　그때는 많은 신생아들이 이런저런 이유로 생후 1년을 넘기지 못하는 경우가 허다하고, 시기를 놓쳐서 2,3년 후에 출생 신고를 하기도 했다. 친구들 대부분이 호적상의 나이와 우리가 알고 있는 나이와는 차이가 있기도 하다. 내 나이도 한 살 늦게 기록되어 있어 회사근무 정년 기간을 1년 더하게 되었다.

　공직을 떠나 차남으로서 부모님을 모시면서 농사를 짓고 사시는 아버지의 작은 소망이 있었다. 아들에게 꿈을 심어 주고 세상을 바라보는 안목을 키워주려 하셨다. 초등학교 때부터 우리집은 동아일보 일간지를 우편으로 배송 받았다. 매일 그것도 하루가 지난 일자 신문을 본다. 때로는 날씨가 여의치 않거나 배달 사고가 나면 며칠 후 한꺼번에 몇 날치가 도착하기도 하였다. 그렇더라도 아무 불만 없이 지역 배송처에 신문값은 이상 없이 지불하였고, 이는 간접적으로 외부 세상의 소식을 접하는 유일한 통로 같은 거였기 때문이다.

먼저 신문을 펼쳐 만평 '고바우 영감'을 찾는다. 정치와 시대 상황을 해학적으로 풍자한 짧은 만화가 있어 기다려지는 신문이 되었다. 각종 광고를 보면 딴 세상의 이야기같이 막연한 관심으로만 남기도 했다. 신문속에 관료들의 이야기가 나오면 아버지는 가끔 직업에 관한 말씀을 하신 것 중에 행정고시를 통한 나이 어린 젊은 군수 이야기가 많았던 것으로 기억되고, 이는 당신의 이전 짧은 공직 생활에서 느끼신 선망의 대상이 아닌가 싶기도 했다. 아님 아버지의 꿈을 아들에게 바라는 뜻으로 들리기도 하였다. 가끔 장교들에 관한 이야기와 큰 삼촌이 근무하시는 수원 비행장에 다녀오셔서 미군 조종사를 멋지게 이야기하시곤 했다.

종합해보면, 뜻을 가지고 큰물에서 펼쳐야만 보다 멋진 삶을 살 수 있을 거라 판단하시는 것 같았다. 아버지는 친구분들에 비해서 체구가 작으시고 술을 전혀 못하신다. 또한 체질적으로 육식을 하시면 음식 알레르기 때문에 어릴 적 우리집 밥상에는 소고기 돼지고기가 올라올 수 없었고, 나는 사관학교 입교 전까지 비린내 나는 음식을 먹지 못했다.

요즘 같으면 채식주의자로서 닭고기는 먹지만 붉은 고기는 먹지 않는 폴로 베지터리언Pollo-Vegetarian로 구분이 될 것이 분명하다. 어머니께서는 당신의 말씀처럼 솥으로 두른 음식은 다 드실 수 있다. 그러나 우리는 그렇지 못하니 어떻게 하든지 식구들을 위해 고기를 먹게 하려고 닭고기를 고추장으로 빨갛게 양념을 해서 숯불에 구워 주시면 아버지와 같이 먹었다. 한참 이후에 약으로 아버지의 식성을 바꾸어 드려서 육식을 하시게 한 것은 어머니의 큰 업적이 되었다.

# 사람은
# 큰물에서 놀아야

대구에는 큰삼촌과 작은삼촌 두 분이 살고 계셨다. 넷째 작은삼촌은 월남전 참전 후 사이공 현지에서 돈을 많이 벌어 귀국 후 시내버스 회사를 운영하셨고, 셋째 삼촌은 군생활을 운전병으로 근무하셔서 이후 줄곧 트럭 운전이나 개인 택시 사업을 하셨다. 큰삼촌은 2군사령부 예비군처장으로 계시면서 장군 진급을 위해 애쓰시는 것 같았다. 초등학교 때 아버지로부터 들었던 삼촌들 소식이다.

5학년 여름 방학 때로 기억한다. 대구에 가서 사촌들과 지내다 보면 호롱불 밑에서 생활하고 공부하는 나 하고는 너무 차이가 난다. 물론 생활 환경이니 쓰는 물건들이 판이하게 달랐다. 대구 동성로 백화점에 처음 가봤다. 고등학교 다니는 큰삼촌댁 큰누나가 나에게 구경을 시켜 주었다. 화려한 내부 모습으로 나의 시선을 어리둥절하게 하니 촌놈이 따로 없다고 누나가 놀리던 생각이 난다. 그때 내 눈에 비친 가장 관심 대상은 온갖 장난감들이었다. 큰댁은 성서라는 대구시에서 조금 떨어진 곳에 한옥을 짓고 사셨다.

냉장고라는 것이 시원한 물과 얼음을 만들어 내니 말만 들었지만 신기하다. 기억나기로는 둥근 아이스크림통에서 나온 환상의 맛을 아직도 잊지 못하겠다. 사촌들 이야기는 미군부대에서 사온 아이스크림이라 한다. 단단한 듯한 숟갈 입에 들어가면 순간 녹더니 흐뭇한 맛을 낸다. 이루 말할수 없는 느낌으로 입을 즐겁게 했다. 효성 여자대학교 앞에 사시는 넷째 작은댁에는 나와 동갑인 사촌이 있다.

단독 양옥집에 살고 있었는데 작은 마당이지만 잔디가 깔려 있고 거실에는 냉장고, 텔레비전, 전축, 큰 테이프가 돌아가는 녹음기 등 전부가 외국제품으로 이루어졌다. 넷째 숙모께서 나에겐 생소한 "간식"이라는 단어를 쓰시면서 시원한 우유와 약간의 쿠키를 주시는데 이 또한 작은 충격이었다. 셋째 삼촌은 유원지가 가까이 있는 중동이라는 곳에 살고 계신데 사촌들이 모두 여자애들이라 아들을 기다리는 숙모님이시다. 나의 존재는 우리집 장남으로서 할아버지 할머니를 모시면서 농사일 하시는 아버지 어머니의 기대치를 할아버지께서는 지켜봐 오셨다.

물장구치고, 물고기 잡고, 모기 쫓는 한여름이 지나고, 6학년 여름 방학이 끝나 개학하는 2학기에 갑자기 대구로 유학을 떠나게 되었다. 학급 친구들에게 인사도 하지 못하였다. 아버지로부터 일언도 듣지 못하였고 어머니 말씀도 없었다. 어린 마음은 싫고 좋고 간에 그렇게 부모님과 생이별을 해야만 했다. 물론 바다 건너가는 것도 아니지만 내가 어머니에게 어리광 부리고 아버지에게 힘들지만 자상한 얼굴을 보는 것은 마지막이 되어버린 것 같다.

나중에 알게 되었지만, 할아버지의 적극적인 추진으로 이루어진 결과이다. 매사 적극적인 성격이신 할아버지는 종친문제 가족문제 또는 지인들 대소사에 활발하게 참여하시는 분이시다. 그래서 나는 할아버지와 많은 곳곳을 다녔던 적이 있다. 종종 버스도 타고 다녔지만 가까운 곳은 할아버지 자전거를 뒤에 타고 비포장 길을 다니기도 하면서 그냥 즐거웠다. 유독 나를 많이 데리고 다니시는 이유를 곰곰이 생각해 보면 당신의 믿을만한 손자라는 생각을 하신 게 아닌가 싶었다. 훗날 내가 성장 과정에서 할아버지의 역할은 아버지 몫을 대신하셨다.


나는 부모님을 떠나 주소도 옮겨야 하는 상황이다. 그러니까 일단 큰댁에 동거인으로 얹어서 학교 전학을 한 것이다. 요즘 말하면 위장 전학이라 말 할 수 있다. 모든 진행이 혼란스러운 가운데 대구의 한 초등학교로 전학을 하였다. 이는 평준화된 중학교 진학을 위한 코스였던 것이다. 마냥 개울과 들판을 뛰어다니든 나는 큰댁에서 지내는 거나 학교 오가는 것도 적응이 꽤나 어려웠다. 우선 마음대로 할 수 있는 것이 없었고, 매일 복잡한 버스를 타고 등교를 하고, 숙제도 많았고, 반 친구들과 공통된 놀이감을 찾지 못하고, 도시 소음과 쾌쾌한 매연으로 말과 웃음이 사라져 우울해지는 느낌으로 다가왔다. 다행인 것은 할아버지와 같은 방을 쓰면서 이것저것 말씀해 주시니 조금씩 적응을 해갔다.

내가 태어나고 자라서 초등학교 취학하고 중학교를 다니는 1960년대와 1970년대 초반에 대한민국은 경제적으로 정치적으로 격변의 시기를 겪는다. 5.16혁명과 베트남 파병, 광부 서독파견, 경제개발 5개년 계획, 서울 부산간 일일 생활권의 경부고속도로가 건설되고, 농촌 인구가 도시로 이동하고, 섬유 가발 등 경공업을 육성하여 수출이 증가하는 사회에 큰 변화가 생겼다. 1968년 중학교 무시험 제도의 도입으로 교육열이 상승하는 시기였다. 나도 이틈 속에서 흐름을 탔던 것이다.

당시 내가 살던 시골 동네에는 서울로 이사간 친구들과 중학교 마치고 서울 봉천동이나 성남으로 취업했다. 섬유 산업으로 유명한 대구 구미지역이나 마산으로 이동하였다. 명절이면 선물을 들고 귀향하는 친구들이 생각난다. 그때는 산업역군으로서 우리경제에 지대한 역할을 담당한 것은 분명하다. 그러나 열악한 노동 환경 등 저임금과 장시간 노동에 문제가 심각해지는 일이 발생하고, 전태일 분신 사건들과 같이 사회 노동운동으로 번지면서 극한 대립 속에 들어갔다. 이후 우리나라는 경제성장 등 생활 수준이 향상되면서 근대화에 큰 영향을 미치게 되었다. 이런 사회 추세에 맞추어 나도 그 대열에 합류한 것으로 보이며, 할아버지께서는 시대 변화를 잘 예측하고 계셨음이 분명해 보였다.

처음으로 대중 목욕탕에 가봤다. 시골에서는 개울에서 몸을 씻고 가끔은 가마솥에 풀로 소 먹이를 쑤어 주고 열기가 있는 그 솥에 다시 물을 데우면 목욕물이 되어 명절을 앞두고 연례 행사로만 했던 그것과는 비교가 불가능하다. 수건과 목욕 바구니를 들고 한 달에 한 번 목욕탕에서 때를 밀고 나면 어찌 그리 시원한지 문명의 혜택을 받은 게 분명하다. 중학교에 진학하니 한참 키가 커가는 3학년까지 입어야 해서 교복도 좀 여유 있게 맞추다 보니 얻어 입은 모양이 된다. 일반적으로 교복과 체육복은 나에게는 일상 옷으로 취급되었다. 별도의 옷이라면 속내의 외엔 없다. 겨울이면 내복과 목까지 덮는 나일론 소재의 티를 입어 추위를 견뎠다.

큰댁에서 중학교를 다니는 동안에는 장손인 큰집형과 한 방에서 지내기도 했다. 경북대 사대부고에 다녔던 형은 4살 위였다. 형은 나훈아 노래를 무척이나 좋아하고 마치 자기가 가수가 된 거 같이 착각 속에 사는 느낌을 받았다. 그런 모습을 큰 숙모님과 식구들이 걱정하는 분위기였다.

　한참 공부하고 대학 갈 준비를 해야 하는데 옆길로 빠진 행동에 실망스럽게 보인 것이다. 어느 여름날 응접실에 있던 텔레비전을 도난당했다. 이 사실에 큰아버지께서 퇴근 후 형과 나를 불러놓고 책임을 말씀하셨다. 원인은 방문 단속을 소홀히 한 부분이라며 마당에 엎드린 자세로 한참을 벌을 받았다. 큰아버지는 현역 군인이시니 엄격한 분위기를 이해할 수 있었다. 그러나 그 도둑은 어떻게 큰 브라운관 흑백 텔레비전을 담 넘어 가져갈 수 있었을까 라는 의문이 들었다.

　해가 지나 큰집형은 대학 실패후에 사병으로 입대했다. 전방부대 수송부대에 전출되었고, 내무반 병사들에게 모진 얼차려와 구타를 당해 정신 이상증세를 겪어 조기 전역 조치되었다. 큰아버지는 현역 대령임에도 사건의 진상을 밝히고 조치를 할 수 없는 당시 현실에 망연자실하셨다. 정신적으로 증세가 악화되어 큰 숙모님과 함께 멀리 떨어진 정신병원에 다녀오기도 하였다. 몇 년이 지난 후 큰집형은 다시 돌아오지 못할 길을 떠났다.

　큰집 큰누나에게 남자친구가 있었다. 나중에 결혼했지만 경북대

1학년이었던 매형이 같이 기거하게 되었다. 사실상 예비사위인 셈이다. 같이 목욕탕도 가고 기타치는 법도 배우고 이런저런 멘토 같은 분이었다. 헌 책방에서 외국잡지를 구입하고 유명 배우들의 사진을 오려서 나무 판넬에 붙이면 그럴듯한 벽걸이가 되는데 매형의 아이디어였다. 의성 땅이 많은 가문 있는 집안의 독자이다. 결혼식 후 혼수를 실은 차로 사돈댁에 가 본적 있다. 농화학과를 나와서 김천에서 농약상회를 운영해 왔다.

가끔 큰 행사에서 만났을 뿐 자주 만나지는 못하고 살았다. 매형이 큰집에 오면서 나는 가까이 사시는 큰이모 댁으로 옮겨야 했다. 큰집에는 많은 식구들이 사니까 이모님에게 나를 부탁하신 거 같다. 사실이지 내 입장은 이모가 편했다. 이모 댁은 넉넉하게 사시지 못하지만 직장에 다니는 이종사촌 형이 방을 같이 쓰면서 나를 많이 챙겨주었다. 나는 김치에 단출한 반찬과 된장찌개만 있으면 행복한 밥상이었다. 시골 어머니께서 하숙비처럼 쌀로 보내 주셨다.


대구로 온 후 나의 환경은 많이 바뀌고, 시골에서 길러진 기질이 또한 퇴색되는 느낌이었다. 내가 하고싶은 것들은 멀리 있는 듯하고 잡히지 않는 무엇에 허우적거리는 청소년이었다. 공부는 썩 잘하지는 못해도 그림 잘 그리고 핸드볼 주장 선수까지 해봤던 작은 자존심도 큰물에서는 소용없다는 현실을 직감했다. 무료한 휴일에는 큰길가에 앉아 수 없이 매연을 뿜고 지나가는 차들을 하염없이 바라만 보다 돌아올 때도 있었다. 어머니가 보고싶을 때는 더욱 그러고 싶었다. 중학교 다닐 때는 내세울만한 활동도 없고 평범한 학교 생활을 했다.

학교에는 야구부가 있었다. 투구하고 배트로 치는 볼을 캐치하는 선수를 보면 하고 싶다는 생각은 굴뚝 같은데 현실은 유학 여건으로 전혀 아니었다. 2학년 때는 교내 독후감 쓰기에서 입선을 하여 선생님의 칭찬을 받은 적이 있어 어떤 분야던 희망은 품고 있었다. 시대적으로 많은 농촌 인구가 도시로 많이 이동한 과정에 외할머니도 외삼촌과 같이 대구에서 사셨다. 나는 또다시 외할머니 집으로 옮겼다. 그 이유는 특별히 생각나지 않는다. 학교가 더 가까운 곳에 위치해서 때로는 걸어서 다닐 만했다. 완전 포장된 도로가 아니어서 흙먼지를 뒤집어쓰면서 걷기도 했다. 그렇게 중학교를 외할머니 댁에서 마치게 되고, 독립된 유학 생활은 고등학교 진학하면서 새롭게 출발하게 되었다.

산업화과정에서 당시 박정희 대통령은 금오공고를 설립하였다. 중학교에서 우수자원을 선발 국가 전자기술인력 양성을 위한 특성화 고등학교로 당시 꽤나 입학 경쟁이 심했다. 다만 중학교에서 추천한

1명을 신체검사 등을 고려하여 특차 선발 후 군사학교식으로 교육을 진행하게 되어있다. 내가 이 학교를 좀 아는 이유가 있다. 교육비가 모두 무료이고 기숙사 생활이기 때문에 매우 호감이 갔다. 그래서 지원을 하였는데 추천되지는 않았다. 나보다 성적이 더 좋았던 친구가 추천을 받게 되었다.

# 유학 생활,
# 홀로 서기 도전

서울시에 이어 대구시도 1975년도 최초로 고등학교 무시험 진학을 하였고 우리 친구들이 1회로 실시되었다. 나는 영남고등학교를 배정받았다. 새로운 마음으로 새 교복을 또 여유 있는 사이즈로 사 입었다. 1학년 때는 대봉동에서 자취생활로 시작했다. 안채는 주인이 생활하고 나머지 여러 방들은 유학 온 학생들이 작은 부엌을 끼고 있었고, 나는 대문 옆 방 하나에 작은 부엌이 딸린 것을 월세 4천원으로 살았다. 혼자 살기에는 아늑한 느낌이다. 밥을 지어먹고 도시락도 준비하고 빨래도 해서 나름 열심히 지내보자라는 각오를 했던 것이다.

휴일이면 청소하고 운동화 빨고 반찬을 사려고 시장도 봤다. 석유곤로라는 조리기구가 있었다. 대개 연탄불을 이용해서 조리를 하였지만 좀 더 편리한 기구인 이 기구로 밥도 짓고 국도 끓여 유용하게 사용하였다. 전에 밥을 해 본적이 없어 시행착오를 겪었다. 주인 집 아주머니에게 묻기도 했다. 불 조절에 실패해서 태우기도 하고 설익어서 먹기가 힘든 적도 있었다. 시간이 가고 날짜도 지나니 숙달되어 가는 거 같았다. 날씨가 눅눅하거나 쌀쌀한 추위가 오면 연탄불 씨를 시장에서 연탄 집게로 사 들고 온다. 아궁이에 넣고 새것을 올려 바람 구멍을 조금 열어 놓으면 훈기를 느꼈다. 주인 아주머니는 추운 날 내가 학교간 사이에 연탄불 상태도 봐 주시고, 때로는 새것으로 갈아주셨다.

반찬을 골고루 먹기가 어려우니 시장 반찬가게에서 이것 저것 사 봤지만 염장한 것들이 많았다. 부패할 걱정이 없는 반찬을 준비해야 오래 동안 먹을 수 있어서 주로 장아찌 종류였던 것이다. 깻잎, 무말랭이, 깍두기, 가끔 오징어 무침은 특별한 거였다. 특히 부추 김치를 구입하면 먹다가 시일이 지나면 물을 붓고 끓여 적당한 국으로 먹기도 했다. 자취하는 지혜가 나날이 발전하고 나름 안정되어 갔다. 가까운 곳에 8촌 형님이 살고 있어서 형수님이 종종 봐 주셨다. 그 고마움은 세월이 흘러 만나서 추억담이 되었다. 삼촌들 댁이나 외할머니와 이모님께는 심심하고 무료할 때 찾아보곤 했다.

한 달에 한 번 정도는 토요일에 북부정류장에서 집으로 가는 버스를 탔다. 그 즐거움은 어떻게 표현해야 할 지 모르겠다. 하루에 2번 정도 고향을 거처 종착지로 가는 버스는 왜관 낙동강 철교를 건너

구미를 경유하고 김천을 지나 추풍령 고개를 힘겹게 오르더니 충청도 황간 정류소에 도착한다. 물론 지나오면서 길가든지, 간이 정류소에서 승객들은 무수히 타고 내렸다. 차창가로 들어는 신선한 봄바람을 얼굴에 묻고 수없이 스치고 가는 가로수를 세다가 멈추기를 몇 번하다 보면 마음은 벌써 고향 집에 가 있다.

1번 국도를 타고 횡간까지 달려오면 여기서부터 내려야 할 목적지 모서 정류소까지 4,50분 이상을 가야 하는 비포장 도로다. 또한 고갯길이라서 가파르게 오르고 내려가는 험한 길이라 할 수 있다. 오르내리는 중에 브레이크가 고장 날 경우 큰 사고가 날 수 있는 고갯길이다. 전화가 힘든 시절이라 내가 언제 올지 모르는 어머니는 막차가 지나갈 때 까지 밥 한 그릇을 아랫목에 두곤 하셨다. 차려 주신 밥상은 꿀맛이 따로 없었고 곤한 잠에 빠진다.

다음날 쌀 한포대와 비닐로 싼 김치 등을 들고 대구행 버스를 탄다. 이제는 자주 집에 올 수 있다는 생각에 발걸음도 가볍고, 어머니 마음도 여유로워 지신 거 같은데, 또 길을 떠나는 나의 뒤 모습을 보고 계시는 어머니 마음은 어떠셨을까? 북부정류장에 내리면 시내버스를 타고 살포대를 어깨에 얹어서 가다 보니 검정색 교복이 하얀 가루로 덮인다. 어깨는 눈치껏 털면 되는데, 차내 기온이 올라가 김치가 부풀어 오르니 냄새가 나는 거는 어쩔 수 없었다. 어린 마음은 부끄럽기도 하고 모르는 척 고개를 돌리고 눈을 감아버렸다. 자취방에

가면 집에서 가져온 쌀과 김치는 어느 것보다도 든든한 식량이었다.

고등학교 입학하는 그해 4월 30일 베트남이 패망하고 사이공이 함락되면서 수많은 인적 경제적 손실을 안고 미국의 철수가 결정되었다. 박정희 정부 유신체제가 더욱 공고히 유지되는 시기로 베트남 공산화가 되면서 반공 정책이 강화되고 국내 공산주의 척결이 더욱 강화되는 시기가 되었다. 언론, 출판, 집회의 자유를 더욱 제한하였지만, 한편으로 경 제는 수출 중심의 경제 개발이 본격화됨으로 경제 성장률이 7% 이상 유지하였다. 그때부터 우리나라 대기업인 삼성, 현대, 대우, LG등이 급성장하는 계기가 되었던 걸로 알고 있다. 그 시절은 몰랐지만, 중앙통제체제에서도 국민들의 삶이 나아진 것은 부인할 수 없는 엄연한 사실이다.

1972년 남북공동 성명으로 외세에 간섭 없이 통일을 위한 노력을 계속하려고 했지만, 76년 판문점 도끼 만행 사건 이후 남북관계가 더욱 악화되었다. 교련복이 또 하나의 평상복으로 자리잡은 시기이다. 정규 과목이고 매우 엄한 시간이다. 교련 선생님들은 장교 출신들이고 어떤 분은 월남전도 참전하셨다. 목총으로 집총 및 제식훈련을 하면 거의 군인 같이 애국의 일선에 서 있는 마음이었다.

반공교육, 무기 사용법, 민방위 훈련도 하였는데, 군사정권의 잔존이라 하여 김영삼 정부에서 폐지되어 역사의 유물이 되었다. 2학년 봄에 담임 선생님의 추천으로 경주 화랑교육원에 일주일간 다녀왔다. 경주 남산 아래에 자리한 화랑교육원은 전국의 고등학교에서 서너 명씩 참가해서 합숙 교육 프로그램의 운영에 따라 신라 화랑정신을 현대적으로 계승하고 인성과 리더십을 교육하였다. 많은 토의 시간도 가졌고, 남산을 오르며 화랑의 발자취를 배우고, 나라사랑 국가관을 심는 나름 잊지 못할 귀중한 시간을 보냈었다.

# 찰튼 헤스턴은 영웅,
# 올리비아 핫세는 청춘

가장 감수성이 왕성한 그 시기, 음악과 영화 한편은 희망과 용기, 나아가 미래의 나를 점쳐주는 위력을 가졌다고 생각이 든다. 일률적인 교복에 삭발 수준의 머리를 하고 통제 체제에서 늘 길들여진 행동과 사고력은 변화하는 세계 질서에 대처하기가 힘든 게 사실이다. 머리 모습과 교복으로 미성년을 통제하던 때, 미성년자 관람불가 영화는 세계적 명화라도 볼 수 없다. 미성년 불가 작품은 살인 등, 폭력적인 것은 이유가 될 듯한데, 키스신은 모자이크 처리하고, 베드신이 나는 영화는 무조건 불가였던 대중문화 관리였다.

시내 영화관에는 국내 영화도 있지만 대부분 외화가 주로 상영되었다. 그것도 유명한 할리우드 작품이 우세였다. 아주 리얼한 장면 등 대형화면에 꽉 차는 필름으로 인기 있었다. 이런 영화는 그 크기에 맞는 상영 극장이 따로 있다. 나는 고전적 작품을 좋아했는데 대표적인 것이 벤 허$^{Ben-Hur}$이다. 내가 태어나던 해에 개봉된 것으로 주연 찰 튼 헤스턴은 종교적 메시지도 주지만, 배신과 복수속에서 진행되는 스펙타클$^{Spectacle}$한 그 자체에 전차 경주 경기를 승리로 이끄는 명장면은 손에 땀을 쥐고 봐야 했다. 나는 그 순간 주인공이 되어 있었다. 이 영화는 텔레비전을 통해서 감상한 것을 포함하면 대여섯번은 즐겼다.

또 하나 나의 감성을 자극한 잊을 수 없는 명화 "썸머타임 킬러$^{Summertime Killer}$"를 빼놓을 수 없다. 우선 경쾌하게 리듬을 타는 주제곡 "Run and Run"이다. 내용은 차지 하더라도 크리스토퍼 미첨의 오토바이 질주 연기와 청순한 외모로 연기속에서 청춘의 마음을 충분하게 대변해 주었던 주연배우 올리비아 핫세는 아직도 나의 청춘 스타로 자리하고 있다. 나는 기분이 다소 좋고 신나는 일이 있으면 한동안 습관처럼 주제곡 리듬을 흥을 그렸다.

좀더 공부에 열중하기 위해 하숙으로 옮기는 시기는 2학년 2학기쯤 일거 같다. 서문 시장 가까운 동산병원 주변이었다. 동네가 한옥집이 많아서 대문이 비슷해 보였다. 하숙 친구들은 대부분 나 같이 시골 출신으로 가까운 계성고등학교, 대구고등학교, 심인고등학교 등 다양하게 분포되어 있었다. 하숙집 아주머니는 북한에서 한국 전쟁 때 내려오신 함경도가 분이시다. 한참 많이들 먹는 학생이라 식사 때면 넓게 펼치는 큰상에 가득 차려서 북적거리며 먹었다. 대체로 예의 바르고 착한 학생들로 공부도 열심히 했다.

3학년 때 쌀막걸리가 시판한다는 발표에 온 나라가 떠들썩했다. 우리나라는 그간 쌀 비축 량과 식량 부족 등으로 쌀 소비를 줄이고 잡곡을 권장하고 심지어 학교에서는 선생님들이 도시락 검사를 하면서 소비를 통제해왔다. 드디어 쌀이 남아도니 막걸리 생산을 허용하게 되었다. 그전에는 밀가루로 만들었고, 몰래 집에서 술을 쌀로 빚어 마시다 적발되면 법 적용을 받아야 했다. 역사적인 날 우리 하숙생들도 쌀 막걸리를 주전자로 사와서 한 사발씩 마셨던 것이다.

어느 휴일 날 하숙집 문을 두드리며 내 이름을 부르는 한 사람이 있었다. 나를 이렇게 부를 사람이 없는데 하고 문을 열어보니 낯선 사람이 대학생 가방을 들고 앞에 서 있었다. 누구냐고 물었더니 나라고 대답하는 사람은 안면은 있어 보이는데 도무지 생각이 안 난다. 그 순간 가발이 벗겨지고 우리반 용태의 얼굴이 나왔다. 그러면서 '대부' 영화 구경을 가자고 제안한다. 성인행세를 해야 하니 자기 형 가발과 대학생 가방으로 위장하고 극장에 입장하려고 했다. 난 정중히 거절했고, 그 친구는 영화를 봤다고 학교에서 자랑을 하였다.

어린 나이에 유학을 나왔지만, 아버지와 나눈 편지 속의 다짐들, 힘드신 가운데 학자금과 생활비를 보내 주시는 부모님을 너무 잘 알기에 유혹이 곳곳에 있었지만 옆길로 가지 않도록 노력했었다. 흡연, 당구장, 어떤 서클가입 등은 내 주위에서 멀어지게 경계를 해왔다. 아버지로부터 편지가 가끔 왔다. 봉투만 보면 글씨체가 참 멋지게도 보였다. 내용은 따뜻한 격려와 용기를 주셨고, 한자어는 꼭 한자로 써 주시니 나도 겉봉투부터 내용도 한자를 쓰도록 노력했다.

공부를 열심히 했는데 생각만큼 성적은 오르지 않고 시간만 흘러가는 거 같았다. 특차 대학과 사관학교를 생각해 봤다. '두드려야 열릴 것이다' 라는 진리를 실천하지 못했다. 목표는 국립 경북대학교 전자공학과를 정했다. 당시 국가가 정책적으로 육성하겠다는 분야이기 때문에 충분한 가치가 있다고 판단되었다. 그러나 나는 진하게 고배를 마시고 더 이상 추진하지 못했다. 일반 사립대학은 생각하지 않았고, 당시 김천고등학교 다니는 남동생과 중학교 다니는 여동생이 있었기에 부모님께서도 숨을 돌려야 한다고 생각도 했다. 훗날 경북대학교 전자공학과를 졸업하여 우리나라 전자산업을 이끈 몇몇 고등학교 친구는 삼성과 KT에서 임원까지 지냈고, 요즘 종종 골프를 즐기고 재경동창 모임으로 만나고 있다.

# 번뇌 끝에
# 스님에게 얻은 답

값진 청춘의 방황을 정리하고 대구를 떠나는 그날은 눈발이 세차게 날렸다. 찬 바람이 몸을 감싸는 듯했고, 버스 안은 손님이 여느 때와 같이 자리를 메워 북부 정류장을 출발하였다.

이런 날이면 떠오르는 악몽 같은 사건이 있었다. 고등학교 1학년 겨울방학이 시작되어 집으로 향하는 똑같은 노선에서 벌어진 일이다. 북부 정류장을 출발한 버스는 많은 승객을 태웠다. 학교들이 방학에 들어가고 주말이라 만원이었던 같다. 왜관으로 오기 전에 큰 고개를 넘다가 갑자기 엔진이 멈추면서 산 중턱에 멈추어 섰다. 기사는 엔진 룸 덮개를 열어서 고장 원인을 찾으려고 해도 시동은 걸리지 않았다.

점차 버스 안은 온기가 사라지고 몇몇 사람들은 참지 못해서 내리기 시작했다. 그분들은 걸어서도 도달하는 곳에 사시는 거 같았다.

나는 그저 버스가 움직이길 바라면서 몸을 움츠리고, 기사분의 처리 모습만 뚫어지게 바라봤다. 히트가 안 돌아가니 차안도 얼어버린 상황이다. 해가 짧은 겨울이라 벌써 해는 졌고, 떨고 있는 몇 사람과 나는 기사의 처분만 바라볼 수밖에 없었다.

두어 시간을 그렇게 떨다가 시동이 걸리는 소리에 환호하였다. 다시 시동이 끄지는 상황이면 다시는 회복이 어려운 듯 운전 옆에 있는 엔진 룸 덮개를 열어 제치고 운행을 해야 했다. 외부의 찬 바람은 그 곳으로 그침 없이 들어오고 나는 더욱 추위를 느끼면서도 집으로 갈 수 있다는 마음으로 참을 수 있었다.

우여곡절 끝에 중간 경유지인 김천터미널에 도착하니 자정이 다 되었던 걸로 기억한다. 기사 말씀은 더 이상 갈 수 없다고 한다. 출발 시 그 많았던 승객은 다 내리고 나와 어른 한 분이 있었는데, 그분도 어디로 가버렸다. 새벽 첫차가 6시경 있는데 그때까지 기다려야 한다는 이야기를 듣고 또다시 긴 시간을 추위와 싸워야 했다. 차표는 유효하지만, 어떻게 기다려야 할지 막막하고 배가 고파서 몸이 더 떨렸다. 이 상황을 부모님께 알릴 수 있는 통신 수단도 없다. 어머니는 막차 지나갈 시간은 훨씬 지난 것을 아셨으니 주무시고 계실 것이다. 이 추위에 대합실 난로는 꺼진지 오래고, 견딜 수 있는 옷은 교복 안에 입은 내복과 목 티가 전부였다.

여관에 갈 돈도 없지만 그 생각 조차도 못했는데, 배고픔을 더 참기가 힘들었다. 태어나 추위와 배고픔의 이런 고통은 처음이다. 호주머니를 뒤지니 지금 가늠할 수 없는 적은 돈이 있었다. 좀 떨어진 곳에 김이 모락모락 나는 음식점이 보였다. 간판과 내용을 보니 돼지머리와 내장으로 만든 국밥집이었다. 나는 이런 종류의 음식을 먹어본 적도 없지만, 보기만해도 구역질이 날듯한 느낌이었다. 상황인 만큼 나는 우선 음식점에 들어가서 한 그릇 값을 물어봤다. 혹시 돈이 모자랄까 싶어서 걱정이 되었다. 조금 모자랐던 기억인데 아주머니는 앉으라고 하시면서 국밥을 뚝딱 식탁에 갔다 주셨다. 내 모습이 가련해 보였고, 추위에 학생이 떨면서 이 시간에 식당을 찾아왔으니 있는 돈만 주라는 말만 던지고 주방으로 가셨다.

먹지도 못할 듯 국밥을 처다 보고 있는데 아주머니가 던지는 말한 마디에 용기를 얻었다. "학생! 다대기 양념 한 숟갈 넣고 먹으면 맛있다 기라!" 나는 양념 한 숟갈 넣고 저었다. 그리고 국물부터 찔금 입에 대어 보고는 입가에 미소를 지고 아주머니를 처다 보았다. 추위에 배고픈 내 몸은 이것을 원했던 것이다.

잡고기가 이렇게 맛있는 줄은 처음 알게 되었다. 나는 고기를 못먹는 사람이 아니라 먹지 않아서 생긴 일종의 기피 현상이었던 것을 깨달은 역사적 사건으로 기억하고 있다. 그렇게 첫차가 떠날 때까지 뱃속 든든하고 떨지 않고 몇 시 간을 견딜 수 있었다. 아침에 집에 도착하여 따뜻한 아랫목에 들어 누울 수 있었다. 요즘도 가끔 돼지 국밥이 생각날 때가 있다.

어느 봄날 젊은 스님 한 분이 버스 뒤쪽에 앉은 내 옆 자리에 앉았다. 마음이 잡히지 않아 떠나는 길, 상주에서 버스 청주 쪽으로 가는 차였다. 한참을 지나서 나는 스님께 어디로 가시냐고 말을 건넸다. 법주사로 가신다고 대답을 하시는 얼굴 모습에서 나와는 별 나이 차이가 나지 않아 보였다. 용기를 내어 출가를 언제 하셨는지 묻고, 어떻게 지내시냐고 몇 마디 나누면서 갔다. 10살에 출가하신 이야기 정도였는데, 암자를 다니면서 참선과 수행을 한다고 하셨다. 그분의 깊은 도량은 이해할 수 없었지만, 내게 와닿은 한 가지는 분명했다.

바로 마음가짐이다. 모든 것은 흘러가는 것이니, 조급해하거나 서두르지 말자는 뜻으로 간직했다.

# 주경야독으로
# 키운 희망

    몇 년 전 여름이 지나 떠난 고향을 한겨울에 돌아왔다. 농부의 아들로 태어나 흙 모래를 밟고 자라서 낯설지 않았지만, 20살 되는 해에 말 없는 귀향이다. 기대만큼이나 실망도 크게 느끼고 계실 부모님은 누구에게 위로를 받으시나 싶어서 나는 눈치만 볼 수밖에 없었다. 돌아와보니 부모님의 경제적 상황이 매우 어려운 상태로 진행이 되어왔다. 나는 전혀 몰랐던 일들이 부모님께 일어나, 엎친 데 덮친 격이었다. 시골에서 어려운 처지란 대체로 홍수해나 가뭄으로 농사가 어려워 먹을 거 없어 살기 힘든 정도라 보는데 우리 집은 뜻밖에 일이 있었다.

    내가 유학 가기전에 아버지의 땀으로 일구어 놓았던 새밭들이 있다. 그곳은 아버지의 꿈이었고, 자식들 공부시키기 위한 터전이었다. 육군대령으로 근무하시던 큰삼촌께서 장군 진출이 어렵게 되고 전역 후 우리집에서 기거하시면서 아버지와 사과나무를 키우셨다. 연금도 받으시는 분이 귀향을 동생에게 한 것이나 다름없었다. 큰 숙모는 대구에 사시 면서 어떤 종교 단체에 참여했던 걸 기억한다. 어머니는 할아버지 할머니 그리고 큰삼촌까지 모셔야 하는 이른바 이중고에 힘들어 하셨다.

캐리도 내가 없는 동안 늙고 병들어 죽었다. 어머니는 과수원 등 농사일이 많아서 늘 분주하셨다. 일손이 부족하니 마을 다니시면서 일할 사람을 구하셨다. 요즘은 일당이 있지만 예전에는 품앗이였기 때문에 또한 빚이 된다. 나의 어머니 능력은 어디까지인지 의문이 들 정도로 강인 하신 분이다.

새밭들은 미국 그것과 다름없는 한국판 개척정신Frontier Spirit 기반한 결과였다. 나는 가까이서 실상을 보고 자랐다. 그곳엔 일정부분 형제간 지분은 있었지만, 아버지의 몫은 분명해 보였다. 결과적으로 수만평의 땅 문서 가 넘어갔다는 사실에 직시해야 한다. 이유는 통합된 땅문서를 저당하고 돈을 빌려서 큰 숙모가 참여하는 종교집단에 대통령 출마하는 교주 정치자금으로 헌납하는 일이 벌어지면서 이른바 부도 처리가 된 것이다.

나의 아버지는 법 없이 사실분이라는 평이 관내에 자자한 분이다. 손해를 보더라도 남에게 절대 부담 주실 수 없는 분이다. 형제간의 어려움도 안고 가시려는 주의이다. 차남이지만 공직에 계시던 분이 부모님 모시고 형님의 귀향도 마다하지 아니하셨다. 그렇게 차남을 의지하고 사시던 할아버지는 머물어 계실 곳이 불분명 하셨다.

이것이 내가 돌아온 후 부모님의 어려운 상황이었고 집이 없어서 동네 임시 거주지를 마련했던 것이다. 이런 가운데 아버지는 마을 중앙에 집을 지으려 하셨고, 설계와 시공을 직접 하시게 되는데 나는 블록을 만들고 경운기로 나르는 역할을 했다. 아침에 일어나면 손가락을 펼 수 없을 정도로 굳어 있었다. 틈틈이 농사일을 도왔고, 밤에는 심심해서 동네 중학생들 영어와 수학을 가르쳤다. 과외라는 것을 모르는 아이들이니 조금은 도움이 되었을 것으로 생각되었다.

이 또한 지나갈 것이지만, 아이들을 가르치면서 나를 돌아보게 되었다. 누구도 나의 앞날을 봐 줄 수 없다는 사실에 눈이 번쩍 뜨이는 거 같았다. 언제 기회가 다시 올지 모르지만 '준비하자' 라는 마음으로 기존 고교책을 중심으로 국어 영어 수학도 보면서 7급 공무원 준비도 했다. 가을이 오면 추수하고 탈곡을 해서 매상 절차를 거쳐야 농부의 일이 끝나고 농한기로 들어간다. 이 과정 속에 한해를 보냈다.

동네에는 죽마고우 친구가 살고 있다. 재주꾼이고 너나없이 친구로 지내는 재하는 나와 가끔 장터 가서 소주도 한잔했다. 어릴 적은 개울에서 물고기를 맨손으로 잡기로는 유명세를 탔던 그 친구이다. 한번은 시골 동네를 떠나 나들이 나온 김에 의기투합하여 속리산 문장대를 구두신고 올라갔 던 적도 있다. 지금은 등산화를 신고도 힘든 코스다.

새로운 집 짓기는 농사일 하다가 조금씩 진행하였다. 필요시 인부를 이용하고 대부분의 부수적인 보조일은 아버지와 내가 도왔다. 우리 가족은 가을에 새로운 보금자리가 완성되고 입주하였다. 아버지 어머니는 어느때보다 기뻐하셨다. 당시는 동네에서 버젓한 신축 집이었고, 내가 쓸 수 있는 방도 생겼으니 새로운 계획도 만들고 싶었다. 내가 나를 보호하고 가꾸어 가는 일상을 그간 간절히 원했다. 무심한 시간은 지나가고 변화를 위한 기회를 찾아야 할 때가 왔다. 또한 주경야독으로는 세상의 추세를 따를 수 없음을 신문을 통해 읽게 되었다.

비행 나가기전 어머니와 함께

2부

# 플랜(plan) B를
# 설계한 청춘

# 한 여름
# 영천벌 가는 길

춘삼월 봄을 맞이하는 대한민국의 1979년은 긴급조치와 언론통제, 반정부 인사들을 탄압하는 강압적인 통치가 이어지고 있었다. 농촌의 일상은 바깥 세상과는 멀어 보였다. 무슨 일이 생기든지 내 먹고 사는 이곳에 평화만 유지하면 만족이다. 그리고 그것이 일반화되어 있어서 물 건너 불 구경만 하는 곳이 되어 버렸다. 나의 고향 상주는 바로 그런 지역이 되어 있었다.

변화를 거부하고 두려워하는 내륙으로 매우 고립되고 낙후된 지역으로 남았다. 상주하면 곶감으로 이미지 된 거 외에는 특별하게 내세울 게 없다. 그나마 새마을 운동을 통해 주택 개량사업, 천수답 농지 정리, 도로 정비등을 함으로 다소 나아졌다.

하루 늦게 도착하는 신문이지만 1면을 보면 밖에 세상 돌아가는 현상을 들여다보게 된다. 기사는 매우 통제된 상태이기 때문에 정확한 내용은 모르더라도, 라디오를 통해 세상의 소식을 빠르게 접할 수 있었다.

어느 날 광고 부분을 보니 군복무와 대학을 해결한다는 육군3사관학교 모집공고가 눈에 띄었다. 현실적으로 나를 변화시킬 수 있는 대안이 될 거 같은 예감이 들었다. 예전에 큰삼촌께서 사관학교 교무처장으로 근무하셨다는 이야기를 들었다. 그런 이유로 간접적으로 군에 대한 관심은 일찍부터 있었다.

북한의 위협은 계속 있고, 내적으로 유신체제가 유지되는 대한민국의 사회 리더십은 상당수 군 출신들에게 의존하였다. 격변하는 사회와 오일쇼크로 경기 둔화, 재벌의 급성장으로 빈부 격차가 심해지니 사회 불안요소가 증가하는 때였다. 나는 변화를 모색했고 방향을 설정했다. 내가 처한 현실에 안주하고 있다는 사실, 꿈을 저버린 미약한 자신에 대한 질책이 있었다.

보이지 않는 따가운 나에 대한 시선을 이제는 믿음으로 승화시켜야 한다는 결심에 이르게 되었다. 마음을 정리하니 자신감이 생겼다. 하늘에 구름도 더 높이 떠 있고, 나와 한 해를 같이한 들에 핀 야생화도 미소를 짓고 있었다. 하루는 최대한 깨끗한 옷 차림으로 오랜만에 대구 병무청으로 향했다. 지나가는 사람들의 시선은 나에게 오는 거 같아 더 바르게 걸으며 시선을 피하지 않았다.


대구 병무청에 들어서니 또래의 젊은이 여럿이 지원서를 쓰고 있는듯 보였다. 나는 모병 담당자의 안내를 받아 육군3사관학교 지원서를 제출하였다. 올챙이가 개구리 되어 힘차게 웅덩이를 박차고 나온 느낌이었다. 숲이라는 정글이 또 어떤 위협으로 다가올지 모르지만 지금 내 안중에는 없다.

그날 대구에서 대학 다니는 친구 몇몇을 만나 저녁에는 소주를 마시며 세상 이야기를 겸해서 나의 계획도 털어 놓고 늦은 밤까지 놀았다. 내가 가고 팠던 경북대, 그 강의실에 서 필기시험도 치르고, 대 운동장에서 체력시험도 받고, 준장 계급인 생도대장으로부터 면접도 치르고 나니까 사관생도가 된 기분이었다. 모든 과정에 부족함이 없이 시험을 마쳤기 때문이다.


아카시아 꽃이 동네 어귀에 늘어지게 펴 있고, 그 향기는 만리를 갈 듯 풍기고 있었다. 조용한 마을에 오토바이 소리가 들리면서 집 앞에 멈추었고, 나의 이름을 불러 나가보니 두 사람이 서 있었다. 보안사에서 나왔다며 몇 가지 신상에 관한 내용을 묻고는 떠났다. 아마도 사관학교 지원과 관련이 있어 보였다. 마지막 최종 단계에서 신원 조회가 이루어지고 있었다. 약 한달 후 합격 통지서에 집결지가 동대구역으로 명시되어 날라왔다. 부모님의 마음도 한시름 놓으셨지만, 군 입대라 보는 것이 더 가깝다고 생각 하시기에 두 분은 만감이 교차하신 거 같았다. 가입교라는 통지서 내용에 적힌 날짜는 등록일자로 알고 있었다.

그해 여름은 유난히도 더웠다. 마당 모깃불을 피우고 평상에서 한참을 놀다가 방에는 모기장을 치고 자야만 했다. 전기는 들어왔지만 선풍기 등 가전 제품을 사용할 정도의 삶의 수준은 안되었다. 전구나 형광등으로 빛을 밝히는 정도였다. 8월 초로 기억되는데 드디어 가입교 날짜가 왔고, 나는 어머니에게 입학 등록만 하고 오겠다고 큰 인사도 없이 차비와 점심값 정도만 가지고 놀러 가듯 집을 나왔다. 저녁때쯤 집결지인 동대구역 TMO란 곳에 도착하니 머리를 짧게 하고 많은 또래들이 줄을 길게 서 있었다. 그러나 순서가 되어 등록 과정에서 문제가 발생했다. 합격통지서를 보여주어야 하는데 잊고 집에 두고 온 것이다. 현장에서 듣고 보니 확인 후 바로 기차 타고 입교를 한다는 것이다. 그날은 등록만 하고 집으로 돌아온다고 생각했었고, 그러다 보니 합격 통지서를 챙기지도 못했던 것이다.

그날 친구를 만나 저녁을 보내면서 시외 전화를 통해 이장 댁으로 연결된 전화로 집에 사실을 알렸더니 장터에서 작은 트럭을 운행하는 동네형을 통해서 다음날 아침 합격통지서를 전달받았다. 한동안 갈등에 쌓였다. 어떻게 해야 하지, 기차는 떠났는데, 지금이라도 가야 하나, 이 길이 나의 갈 길이 맞나! 간다면 어떻게 가야지, 하루 밤이 지났는데 가능한가! 등 고민 중에 개인택시를 하시는 셋째 삼촌 댁으로 갔다.

사실을 말씀드렸더니 당장 출발하자고 하시며 영천으로 향했다. 사관학교 면회실을 통해서 자초지종 이야기를 하였고, 관계자의 인솔로 절차를 밟게 되었다. 셋째 삼촌은 내 인생의 중요한 전환점에 계셨던 한 분이다. 이렇게 부모와는 이별 아닌 이별을 하게 되었다.

# 충성대의
# 매미 합창

    나는 사관학교를 동기생들과는 다른 문으로 입교했다. 정문으로 못 가고 쪽문으로 들어갔다. 동기생들보다 뒤쳐져서 하루 늦게 입교한 셈이다. 이후 군 생활도 별반 다를 바 없이 앞서가지는 못했다. 면회실을 통해서 학교 본청으로 인솔 병사와 걷는 영내는 매우 한산하고, 길 양쪽 플라타너스 나무 매미들이 영천벌이라고 노래하며 알려주는 거 같았다. 넓은 충성 연병장을 옆으로 보면서 본청에서 소정의 양식을 채우고 나왔다. 훈육대에 들어오니 아무도 없고 내가 사용할 캐비닛만이 나를 반겼다.

    다른 동기생들은 간단한 신체검사와 인성검사 등으로 1일 차를 보내고 있다고 하였다. 나는 어색하게 훈련 군복으로 갈아입었다. 무거운 느낌에 딱딱한 소가죽으로 만든 군화는 나의 발목을 짓누르기 시작했다. 뒤뚱거리며 거울 앞에서 '이제 시작이구나' 하고 어금니를 한번 물었다. 학과장에게 가서 두어 시간 인성검사를 받았다. 그쯤에 긴장도 되고 목이 말라 있었는데, 인성검사 담당 교수님이 나에게 콜라 한 잔을 주셨다. 세상에 다시없는 꿀맛이었고, 마지막으로 입교한 자에 대한 배려인 듯했다. 저녁때 동기생들과 합류하여 그렇게 4주 간 가입교가 시작되었다.

바로 위에 기수 선배들로부터 내무생활 지도를 받는다. 첫날 저녁때 이발관에서 모두 머리를 삭발하고, 다음날 낮에는 기초군사훈련, 밤에는 기본 소양과 생활 규칙 교육 등 말로만 듣던 고난의 나날이었다. 세상에 태어나 이렇게 나를 버려야 하나 자문할 정도로 철저하게 사회와 격리 작업을 하는 정신 개조 훈련이 먼저다.


나름 집 떠나 생활한 경험도 있어 참을 수 있고, 교련 교육을 받아 기초 훈련을 이해는 하고 있었지만, 새로운 의식화를 받아들여야하는 것은 또 다른 고통이었다. 영천벌의 한 여름은 어느 곳보다 더위가 심하다. 낮 시간 매 훈련 시에는 정제로 된 소금을 필히 먹었고, 땀이 비 오듯 쏟아지는 가운데 그늘도 없는 연병장에서 견뎌야했다.

쉬는 시간 마시는 물마저 그야말로 그 콜라 맛과 같았다. 오직 취침시간만이 나에게 주어진 자유 같은데, 조교 선배들은 그것도 허락하지 않았다. 열대야가 지속되는 밤에도 각 잡은 모포를 흐트리지 않고 자야 한다. 부서질 듯 피곤한 온몸은 두 손을 배위에 얹어놓고 바르게 잘 수가 없다. 한 사람의 생도가 불량하게 자더라도 시간대 관계없이 내무반 전원 기상을 시켜서 얼차려를 받았다. 나 한 명의 위반이 연대 책임으로 돌아오는 것이다.

나는 가입교 일주일 동안 거의 밥을 먹지 못했다. 식당까지 오는 길도 즐거운 시간이 아니었고, 모든 이동 간에도 교육과 훈련을 병행하고, 직각식사도 시작하게 되었다. 식당으로 이동하던 중 지쳐서 배고픔도 사라지더니 밥이 잘 먹히지 않는 현상으로 나타났다. 또한 식당 내부의 특유의 냄새와 거의 매 끼니 나온 기름이 떠 있는 양고기는 그간 나의 식습관으로는 목으로 넘어가는 것을 허락하지 않았다. 눈치껏 밥을 물에 말아 조금 먹기도 했다. 식사 상황을 감독하던 조교 선배가 먹어야지 버틸 수 있다고 강조했었다.

일주일이 지나자 배가 뒤틀리며 화장실에 가게 되었고, 허기진 속은 무엇이든지 먹을 수 있는 준비가 되어서 처음에 거북했던 식당 냄새는 다소 사라졌다. 매주 금요일이면 자퇴를 원하는 자와 적응하지 못하는 대상자는 입고 왔던 사복으로 갈아 입고 귀가 조치했다. 조교 선배들은 인내심을 자극하면서 합리적인 괴롭힘을 주었다. 인간의 감정을 자극하며 부모님을 떠오르게 했고, 집으로 돌아갈 수 없는 나의 약점을 수없이 건드렸다. 포기는 생각하지 않았고 참았다. 능히 극복할 수 있었다. 정확히 모르지만 기간 중 400명 가까이 귀가조치 혹은 바로 현역 사병으로 입대를 한 것으로 알고 있었다. 아침 저녁으로 찬 기운이 내려오니 4주간 기초군사훈련과 가입교 기간을 마치고, 9월에 정식 사관생도로서 입교식을 하였다.

충성대의 플라타너스 푸른 잎이 점차 노랗게 물들어 가고 있었다. 한여름의 진통을 견디고 약간의 그늘이지만 역할을 다한 그들은 한두 잎 바닥으로 떨어지기 시작한다. 우리 훈육대는 첫 면회를 위한 준비들이 분주하다. 생도의 다양한 옷을 지급받아 입어보고 교환도 하고, 이제야 동기생들이 서로 마주보며 절제된 웃음을 나누게 되었다. 한 달 만에 민간인이 군인으로 만들어졌다.

말투가 간결하고 자세는 곧 바르고 눈빛은 강하게 주시한다. 첫 면회 날 할아버지와 어머니께서 오셨다. 두분 앞에 서서 큰소리로 거수경례를 드렸다. 엎드려 큰절을 올려야 함이 내가 가진 상식인데, 그렇지 못한 내 마음은 정모창 밑에 감춰진 두 눈가의 이슬로 대신할 수밖에 없었다. 그리고 무척이나 달라진 아들의 모습에 가슴 절였을 어머니의 마음은 어떠셨을까? 어머니 앞에서 눈물을 흘리고 싶었다. 절대로 부모님 앞에서 자세가 흐트러지면 절대 안 된다고 강조된 교육과 개조된 정신으로 버텼다. 뻣뻣하게만 앉아 있는 나를 보고 있는 어머니도 말씀을 더 하지 못하셨다.

군대 간다고 제대로 인사를 드리지 못하고 떠나온 내가 미워지고 뭐라고 말하고 싶은데 입안에서만 머물고 있었다.

# 격동의 시기,
# 사관생도 생활

 

미국대학 신입생은 한국과 달리 대부분 가을 학기에 입학한다. 군사대학인 육군3사관학교는 당시 대한민국에서 유일하게 가을학기에 입학했다. 지금의 학교는 세계 유일의 편입 사관학교로 변천되어 봄학기를 따르고 있는 것이 예전과 다르다. 야외에서 실시하는 군사훈련과 영내에서 공부하는 군사학, 그리고 전공학과 나누어 훈련과 교육이 이루어졌다. 우리 훈육대는 야외 군사훈련부터 시작하게 되어 가을 바람을 느끼고 햇볕을 즐기면서 들과 산을 찾았다.

정문 밖으로 트럭을 타고 학과 출장을 나가는 날이면 외출처럼 들뜬 기분을 감출 수 없었다. 야외 훈련장에 앉아보면 각종 야생화와 코스모스가 반겨 웃어준다. 야외용 식판에 담은 먹을거리는 가을이란 조미료를 뿌려서 더 맛나는 거 같았다. 보급된 음식은 칼로리가 높고, 영양 균형을 고려한 식단으로 기억한다. 메뉴 관련 회의와 설문을 받고 했었다. 하지만 식사 후 돌아서면 배고픈 현상은 또 다른 원인이다.

정 입교를 하고 한달 쯤 되었을 때 학교 인근 지역 야간 독도법 훈련을 나갔다. 이론적 강의와 주의 사항을 듣고, 트럭으로 추진해온 저녁을 먹은 후 훈련을 출발했다. 몇 명씩 팀을 이루어 방위각을 재고, 거리를 측정하고, 지도정치를 통해서 중간 목표를 찾아가면서 최종 목적지에 도착하는 훈련이다. 달빛도 없는 야간에 험한 산을 헤매고 다니는 것이 결코 쉽지 않았다. 훈육장교 모 중위는 경고했다. 마지막으로 최종 목적에 도착하는 팀은 외출을 통제하겠다고 분명히 했다. 물론 훈련 효과를 위한 조치라는 것에는 이의가 없었다. 우여곡절 끝에 내가 속한 우리 팀은 20여팀 중 2번째로 최종 목적지 좌표를 찍고 대기장소에 도착했다. 야간에는 다소 쌀쌀하니 모두들 야전상의를 입고 훈련에 임했다.

우리 뒤로 들어오는 팀들이 어둠 속에서 서서히 나타나 얼굴을 휴대용 전등으로 비추는데 땀으로 젖어 있었다. 마지막 팀이 들어올 무렵, 조교가 뛰어오더니 근처 조교에게 뭐라고 말하고는 다시 급히 되돌아갔다. 내용은 동기생 한 명이 최종 목적지 좌표를 찍고 쓰러져서 부식 추진한 트럭으로 의무대로 갔다는 것이다. 독도법 훈련을 마치고 도보로 영내 복귀하는 중에 그 동기생이 사망했다는 소식을 접했다. 쓰러지는 순간의 모습이 물에 빠졌다가 나온 것 같이 야전잠바가 흠뻑 젖어 있었다고 팀원은 증언했다. 무관후보생으로서 주어진 임무를 끝까지 수행하고 장렬히 순직한 점을 인정하여 동작동 국립묘지에 안장된 최초의 동기생이다. 우렁찬 함성으로 시작하는 반복된 일상과 새로운 훈련 과목이 진행되면서 점차 슬픔도 지나갔다.

학기가 야외 훈련 막바지에 도달하는 10월의 마지막 주, 이슬이 내린 아침 훈련장에서 훈육대장이 심각한 어조로 박정희 대통령이 암살을 당했다는 소식을 전했다. 역사적인 10.26 사건이었다. 우리들은 뉴스를 포함하여 매스컴을 접할 수 없어서 이런 방법으로 세상 돌아가는 이야기를 듣고 했다. 1961년 5.16 후 박정희 정권이 들어섰으니, 내가 태어나서 알고 지낸 유일한 대통령이었다. 여기에서 박정희 대통령과 육군3사관학교의 창설 배경을 이해할 필요가 있다. 1968년 1.21 김신조를 비롯 북한 124군 특수부대 무장공비 31명이 청와대 기습하려다 실패한 사건이 일어났다. 북한의 지속적인 위협으로 국민들의 위기감과 월남전이 지속되는 가운데 장교 양성 시스템의 한계에 직면하게 되었다.

장기 복무 가능한 우수한 중견 간부 양성 체계의 필요성이 대두

되어, 전투형 장교 양성을 목적으로 그해 10월 영천벌에 육군3사관학교를 창설한다. 당시 박정희 대통령은 초대 교장을 정봉욱 육군소장을 임명하고, 북한의 124군 특수부대에 대적하는 장교 육성을 요구한다.

정봉욱 장군은 한국전 당시 북한군 포병대대장으로 부하들과 귀순하였고, 한국군 7사단장을 지냈으며, 엄정한 기강과 병사 복지, 부정부패 척결 등으로 군 발전에 기여한 분으로 알려져 있다.

창설 초기 생도들은 군화에 모래 주머니를 달고 훈련하고, 곰 발바닥을 만들기 위한 맨발로 자갈길을 행군하는 등 상상을 초월하는 훈련으로 알려져 있다.

1.2기 졸업생들은 월남전에 참전하여 맹호, 백마부대 등 전투부대에서 많은 전공을 세웠다. 특히, 1개 소대 병력이 안캐패스 고지 전투에서 전사에 길이 남을 전공으로 소대장 이무표[17]중위는 일계급 특진과 미국으로부터 은성 무공 훈장 및 태극무공훈장을 받았다.


10.26 대통령 시해 사건 다음날, 생도대장은 전 생도들을 강당에 집합시켜서 정신교육을 했다. 엄중한 국가적 사건 앞에서 빠뜨릴 수 없는 일이기에 모든 교육이 중단된 상황에서 정신교육이 진행되었다. 북한의 경거망동을 경계해야 하고, 우리는 어떤 대비를 해야 하는지를 강조했던 거 같다. 사실 전투대비태세에 준하는 영내 상황이

었다. 당시 육군 중장이던 학교장이 사건 연루자에 대한 재판장으로 갔다.

　텔레비전이 설치되어 있는 연등실이 있었지만 허가시에만 시청이 가능했다. 돌이켜 보면, 10.26 사건 초기에는 분위기상 통제되었다가, 12.12 군사반란이 성공하고, 정승화 육군참모총장이 대통령 시해사건에 연루되었다고 체포하면서, 전두환 신군부는 권력을 장악한 후 텔레비전을 홍보 채널로서 활용한 가운데 생도들도 정해진 시간에 시청할 수 있도록 조치를 했다.

　사관학교 과정의 규율은 생각보다 엄격하게 적용된다. 3금이란 것을 기본으로 행동하게 되어있다. 정규 육·해·공군·간호사관학교만 적용되는 것이 아니다. 육군3사관학교 역시 규정화되어 있다. 3금은 음주 금지, 이성 교제 금지, 흡연 금지로서 위반시 처벌을 받게 되고, 명예위원회에 회부되고 심한 경우는 퇴교 조치되는 사례가 있었다. 양심고백이라는 보고서를 통해 사안에 따라 감면 조치도 있었다. 제복을 입고 외출이나 외박시에 행동거지를 사관생도로서 명예에 어긋나지 않도록 해야 함은 보이지 않는 나와 약속이고 통제 방식이다.

　첫 외박으로 대구에 있는 친구들을 만났다. 몇 달 전에 우리는 소주를 마시며 헤어졌던 아쉬움을 알고 있다. 오랜만에 만난 자리는 어김없이 쥐포 몇 장 놓고 소주가 준비되었다. 소주잔을 채우고 건배를 하는 순간 나는 문을 열고 소주잔을 밖으로 비웠다. 3금을 실천한 대표적 사례로 친구들에 한동안 욕먹고 지냈다. 감시하는 사람은 없는 이 공간, 반갑고 고생했다는 축하 자리에서 꼭 그렇게 했어야 했냐라는 질문에 이해를 구하고 물 한잔 채워 마시며 웃고 말았지만, 무엇으로도 친구들의 마음을 돌이킬 수 없었다.

우리나라 군대 문화는 사회를 지배해 왔다. 한동안 리더십, 행정력 등에서 지대한 영향을 미친 것은 부인할 수 없다. 시대 변화에 오히려 군이 사회를 따르지 못하는 역전 현상이 나타나고 있었다. 일제의 잔존 같은 구타는 내가 생도 기간 중에도 선배나 훈육 장교에게 구타를 당하는 경우가 사건화 되기도 했다. 당시 정승화 육군참모총장은 재임 중 구타금지를 위한 지휘서신을 하달하면서 군내 인권문제 해결을 위한 노력을 해 왔다.

12.12 군사반란으로 성과를 내지 못하고 본인도 체포되면서 군내 구타 문제는 2000년대 까지도 사회적인 문제가 되었다. 당해본 사람이 또 일을 저지르고, 군대는 그것이 필요악이라 말하면서 합리화했다. 인권이 사라진 군대 생활을 통해서 사회로 진출하는 우리 국민이 사회 인권을 리더할 수 있겠는가에 물음을 던지고 있었다. 이

런 분위기가 확산되면서 우리는 얼차려라고 하는 좀 더 관리된 통제 방식이 적용받았다. 그중 몇 가지가 원산폭격, 오리걸음, PT체조 반복, 통닭구이, 야간 얼차려<sup>수면박탈</sup>, 뺑뺑이 돌리기 등 소위 얼차려는 가혹한 행위로 변질이 되어 버렸다.

사고방식은 문화로부터 영향을 받고, 또한 그 문화는 집단적인 사고에 영향을 미친다. 사관학교 교육은 독립적으로 조직을 관리 가능한 장교를 키워서 다양한 상황에 대비하는 융통성 있는 사고를 겸비하도록 해야 한다. 미군의 교육 제도를 받아들이면서, 군대 속의 문화는 일본식의 사고에 머물러 있었다. 1학년 늦은 가을날 학교 창설 기념일에 잊을 수 없는 사건이 일어났다.

각종 행사가 진행되었고, 마지막 행사로 외부 연예인이 무대 위에서 공연 행사가 충성대 연병장에서 예정되었다. 공연 시작 전 선배 기수들과 2천명 가까이 관람석에 앉아 있고, 주위에는 기간장병, 간부가족들이 당시 인기 연예인을 보려고 관심이 집중되어 있었다. 대부분 생도들의 입장은 이해할 수 없는 학교본부의 행사 계획에 사전부터 불만이 많았다. 이유인 즉, 연예인이 사관학교에서 생도들을 대상으로 공연을 한다는 것을 본말전도라 봤다.

일반 사회적으로 통용되는 사고를 철저하게 배제시킨 교육을 제도화해 놓고, 지금 상황은 좀 변질되었지만, 즐겨도 된다라는 식의 강요라고 생각했다. 공연은 시작되고, 사회자는 관중석 호응이 적다고 박수를 유도하였다. 앞쪽 학교 지휘부와 주변 기간장병 및 가족들은 호응을 하였지만 생도들은 가만히 보고만 있었다. 그것이 우리들의 관람 자세로 생각했다. 평소 생도들은 남 앞에서 이빨을 보이며 웃는다는 것은 금기시되어왔다.

유명 인사가 특별 안보 강의 혹은 교양 강의를 할 때 감사의 표시로 집단 박수를 보내는 거 외에는 해 본 적이 없었다. 한마디로 그렇게 길들여졌다. 사회자 유도에도 꿈쩍 않고 있는 생도들을 보고, 훈육관, 연대장, 생도대장까지 나서서 호응을 요구했지만 2천명의 생도들은 요지부동이었다. 결국 연예인 공연은 시작하고 얼마 지나 중도에 끝내고 가버렸다. 문화가 만들어 놓은 대표적인 사고형성이라고 본다. 그날 저녁 전 생도들은 완전 군장을 하고 날이 밝을 때까지 영내를 행군하는 얼차려를 받았다.

그해 12월은 또 역사의 흐름이 소용돌이 쳤다. 전두환 신군부가 군사력으로 정권을 찬탈한 이른바 12.12 군사반란이다. 유신체제에서 염증을 느낀 대한민국의 민주주의가 또 역행을 하는 사건이 벌어진 것이다. 이 시기에 젊은이들은 음악다방에서 신청곡과 같이 DJ

의 멘트를 즐기고, 대학가요제, 강변문화제, 포크송과 통기타 음악을 즐기며 낭만을 이야기하고 있었다. 저항정신도 공존하고 있었다. 생도들은 사회에서 지내던 생각을 잠시 해 볼 수 있는 유일한 시간이 있었다. 나 역시 이 시간만큼은 진정한 나와의 만남이며 세상과의 대화였다고 생각한다. 밤 10시 정각에 취침 나팔이 울리고, 생도들은 잠자리에 들어가면서 소등함과 동시에 음악이 흘러나온다.

일종의 '이종환의 별이 빛나는 밤에' 같은 교내 방송이다. 사회에서 DJ 경험이 있는 생도들이 10시부터 30분간 손편지 사연과 신청곡을 날려 주었다. 꿀맛 같은 시간이다. 모든 팝송을 즐겨 들었지만, 구수한 목소리, 얼굴도 모르는 DJ 오프닝은 그 자체가 하루를 위로받는 시간이다. 대부분 팝송을 들려주었고, 나는 당시 발표된 그룹 ABBA의 'I have a dream'을 가장 뜻 있게 감상했던 침상에서의 기억을 잊을 수 없다. "꿈을 노래하고 무엇이든 극복할 수 있고, 실패한 사람도 미래를 가질 수 있다" 평범한 메시지가 담긴 노래지만 나에게 다가온 그룹 ABBA의 목소리는 경쾌했으며, 꿈속에서 하늘로 가는 길이 있다면 구름도 잡을 수 있을 것 같았다.

우리 훈육대는 1명의 소령, 3명의 중위급의 훈육장교에 의해 생도 훈육지도가 이루어진다. 훈육대장은 대부분 창설 초창기 임관한 선배들로 이루어졌고, 그중 몇 분은 월남전 참전한 전투 경험이 있으신 분들이다. 또한 그분들은 학교 창설 후 선배로서 가장 상위계급이기에 우리의 롤모델이기도 했다. 훈육장교 3명은 임관구분이 다른 인물들로 보직되었다. 육사, 3사, 학군장교로 의미 있는 구성이다. 매우 흥미로운 일들이 생기기도 했다.

우리는 그들의 개인 성향과 출신 특유의 교육 방식을 느낄 수 있었다. 훈육받는 과정에서 좋은 점을 취사 선택하는 것은 생도들의 몫으로 남는다. 매우 적절한 훈육 시스템으로 생각되었다. 다만, 어떤 훈육장교는 과욕으로 비춰지는 행위를 통해 빈축을 사고 저항에 부딪히는 사례가 나타나기도 했다. 돌이켜보면, 군인으로서 승리를 위한 노력과 조치는 논란의 여지가 없더라도, 합리적인 사고와 판단을 길러 주지 못하는 부분이 아쉬웠던 것들이다.

여유가 많지 않은 사관생도 교육을 통해 다양한 상황에 대처하는 능력을 개개인에게 요구하는 것은 사실 불가능이다. 점차 많은 부분에서 환경과 여건이 달라지고, 급변하는 국제정세 등 시대 변화는 또 다른 관점에서 판단 능력이 더 요구될 것이다. 일률적인 틀에서 벗어나 다양성을 인정하고, 협력을 구축하고, 평화를 지키는 미래 전략군을 지향해야 할 것이다.

1980년 봄학기가 시작되면서 외출 통제가 빈번해졌다. 사회 분위기는 신군부의 권력 장악과 민주화 요구가 충돌하는 불안한 가운데 언론을 통제하는 상황이었다. 또한 누가 이 나라를 통치하고 있는지 불분명하고, 의구점은 점점 커지고 있었다. 민주화 열망으로 전국 대학가와 지방에서도 소요사태가 일어나 신군부는 계엄 확대를 고민하고 있었다. 드디어 5월17일 밤 신군부는 비상계엄을 전국으로 확대하게 되고 군사정권수립의 발판을 마련하게 되었다. 다음날인 5월 18일 오전 전남대 앞에서 학생들의 시위가 있었고, 계엄군의 과잉 진압으로 많은 학생 및 시민들이 희생되면서 광주 민주화 운동은 시작되었다.

북한 등 온갖 불순세력이 잠입하였다는 등 유언비어가 난무하였다. 진실을 알 수 없는 상황, 국민들은 신군부의 발표만 들을 수밖에 없었다. 안타까운 광경들이 텔레비전을 통해 일부 보기도 했다. 생도들은 계엄 상황에 준해서 단독 군장<sup>기본전투장비</sup>을 하고 모든 교육훈련에 임했다. 심지어 광주는 북한의 소행이라는 유언비어가 돌았는데, 전쟁 발발을 우려했고, 우리 기수 생도들은 한 달여 추가 훈련 후 임관한다는 이야기도 흘러나왔다. 그해 봄은 잔인하게도 광주에 돌이킬 수 없는 상처를 남기고 지나갔다. 최규하 대통령 사임에 이어 통일주체국민회에서 이른바 체육관 선거를 통해 8월 전두환 대통령이 선출되었다.

8월 뜨거운 영천벌은 다시 돌아왔고, 임관식 행사 준비로 교육훈련과 병행하면서 분주히 보냈다. 후배기수들이 가입교를 마치고 함께 준비했다. 다음달 9월엔 선배들의 졸업 및 임관식이 충성 연병장에서 거행되었으며, 전두환 대통령이 최초 공식 행사로 육군3사관학교 임관식에 참석한 것이다. 3천명의 보무도 당당한 장차 군의 핵심 장교 자원들이 분열을 시작하니 장관이다.

이후 전두환 대통령은 육군3사관학교 생도과정을 중단 조치했다. 병행해서 해군, 공군 2사관학교도는 애초 폐교 조치했다. 몇 가지 이유를 들었지만, 3사 출신 장교들이 너무나 많이 배출되고 차후 육군의 중추적인 위협 세력으로 본 것이 일반적인 분석이었다.

과거에 장교 양성과정이 없어서 본교를 창설한 것이 아닌 점은 주지의 사실이다. 다만 정권의 입맛에 장교 양성 체계를 변경해 왔다. 육군사관학교 출신 중에는 군의 정치적 중립의무를 위반하고 쿠데타와 국헌을 유린한 사례와 직접 관련자가 수없이 존재함에도 그들에게 부족한 자질을 말하고 육사 폐교 운운하지 않았다. 결국 전두환을 중심의 군사 조직인 하나회의 실체가 부각되면서 그 이유는 분명히 밝혀진 것이다. 내가 군문을 나올 때는 3사출신 장군 배출이 없었지만, 이후 합창의장 등 많은 주요 지휘관을 배출한 육군3사관학교Korea Army Academy at Yeong-Cheon는 우여곡절 속에 3학년 편입사관학교로서 사관생도를 모집하고 있다.

# 동기생 순직과
# 긴급 전출명령

우리 동기생들은 1981년 9월 4일 신입생이 없이 아래기수만의 축하속에 1,050명이 임관했다. 물론 전두환 대통령이 참석했다. 후배가 없어지고 학교가 폐교 수순에 있다는 사실에 우리 신임장교들은 힘이 빠졌다. 심도 있게 언급을 안 했지만 훈육관들의 마지막 음성에서 씁쓸함이 묻어 있었다. 원칙을 강조하고, 복종을 요구하고, 명예를 무엇보다 중요하게 받아들여진 나는 그것들이 거품 같은 느낌으로 다가왔다. 솔직한 마음으로 화가 치밀어 올라온 것은 나만은 아니었을 것이다.

신임 소위들은 며칠 휴식을 보낸 후, 광주 민주화 운동 1년 후라서 그 아픔이 씻기지 않은 그 곳에 위치한 육군 보병학교로 4개월간 소대장 발령 전 교육에 들어갔다. 그해 가을도 청명하게 하늘이 높고

무등산에는 잎들이 물들어가 고 있었다. 좀 더 자유스러운 분위기에 외출 외박이 이루어지고 얼마전 생도 신분과는 전혀 다른 자율성에 지냈다.

유격훈련을 위해 동북유격장을 향한 행군과 훈련 강도는 더 강한 느낌이었다. 야간에 좁은 무덤안의 관을 통과하는 담력 훈련과, 일주일간 적진에서의 도피와 탈출 훈련은 배고픔과 처절한 싸움이었다. 암호된 좌표를 찾으려 화순군 일대를 식량 없이 산속을 다녀야 하고, 먹을 것을 구하려고 마을 민가에 내려오면 적으로 위장한 조교들이 숨어 있었다. 그들은 팀의 한 명의 꼬리만 잡아도 전원 잡히게 되고 물을 코로 붙는 물고문을 하고 감점 처리하는 훈련을 진행했다.

우리 팀은 출발 하루가 지났을 즈음해서 멀리 아랫마을이 보였고, 조금 내려와보니 동네 잔치가 있는듯 많은 사람들이 보였다. 부침 냄새가 코를 진동했다. 정찰병을 조금 가까이 보내서 적으로 위장한 조교가 없는지 살펴보기로 했다.

우리는 무장공비 같은 계급장 대신 번호를 붙인 복장에 배낭을 매고 있었다. 하루 이상을 굶은 듯한 우리는 이 기회를 지나갈 수가 없었다. 드디어 내려오라는 신호가 떨어져 내려갔더니, 모퉁이 짚가리 은폐된 곳에서 한상을 받아 놓고 있었다. 위에는 부침개, 송편과 떡, 큰 그릇에 밥, 나물 반찬과 막걸리 한 주전자가 놓여 있었다.

우리가 훈련중이라는 사실을 알고 있는 주민들은 푸짐히 챙겨 주었다. 둘러 앉아서 허기를 채우고 있었다. 무어라 말 할 수 없는 맛에 막걸리도 한잔 나누어 마실 찰나에 우리는 경직되고 말았다. 경계가 소홀한 틈을 탄 교관이 우리들 앞에 떡하니 나타났다. 꼼짝 못하고 적진에서 전원이 잡힌 것이다. 아찔한 순간에 오만상 생각이 돌아가고 있었는데, 교관이 음식을 다 먹고 가라고 말하고는 사라졌다.

재집결지에 모여서 정비를 한 후 출발하려는 시각에 이동 PX 트럭이 도착했다. 당연하게 필요한 것을 살 수 있었고, 특히 각자 간식거리를 챙겨서 출발하는 것이 좋겠다고 생각하고 이것저것 구입하였다. 그런데, 이동 PX 트럭은 떠나가고, 새로운 도피 탈출코스로 출발이 임박할 때에 교관이 군장 검사를 한다며 배낭에는 먹을 것을 가져 갈 수 없다는 것이다.

대열 앞쪽에서 검사 도중에 과자 등 음식을 모두 다 조교가 들고 있는 쓰레기 통에 버리고 있는 게 아닌가? 나는 초코파이 한 박스를 배낭에 넣고 있었다. 고민을 거듭 하던 차에 내 뱃속으로 넣기로 하였다. 입에 넣으면 초콜릿이 윤활유가 되어 목구멍으로 부드럽게 들어갔다. 12개의 초코파이를 다 해결하고 나서야 교관은 내가 서 있는 열로 검사를 시작했고, 그렇게 무사히 끝났다. 다시 출발한 훈련 코스에서 내내 입가에는 초콜릿이 묻어 나왔다.

다음해 1월에서야 보병학교 보수교육을 수료 후, 어깨에 푸른 견장을 달고 소대장으로 첫 부임했다. 세상을 호령할 것 같은 패기로 더블백을 어깨에 둘러매고 간 곳은 경상북도 주왕산 인근 청송 대대였다. 영외 거주하면서 출퇴근이 있는 향토사단 지역 부대이다. 병력은 작지만 매일같이 병사들과 함께하며 주어진 교육훈련에 임했다.

한 달이 지난 2월초에 사단장이 초도 순시를 왔다. 당시 임무위주 성과훈련을 위한 교안을 새롭게 작성하고 교육훈련에 적용해야 하는 과정에 있었다. 나는 한 달간 소부대 훈련 교안을 그간 배운 바로 만들어 사단장에게 브리핑 하였다. 나에게 먼저 악수를 하고 돌아가는 사단장의 모습에 초임장교를 매우 배려하는 분이라는 느낌을 받았다.

잊을 수 없는 2월 10일 아침, 대대장은 회의도중 해안대대에서 총기난동 사고로 여러 명이 사망했다는 비보를 전했다. 부임 한 달 된 소대장이 순직했다고 하니 동기생이 분명하다. 우울한 가운데 멀리서 일어난 일이라 어찌할 수 없는 처진 하루 일과는 시작되었다. 당시는 언론이 대부분 통제를 받는 상황이라 다른 쪽에서는 알려지지 않았다. 그날 퇴근 후 숙소에서 향이 진하게 올라오는 자연산 더덕 한 뿌리가 생겨서 작은 담금병에 소주 두 병을 부었다. 한 달 후에는 향이 있는 술을 같이 마시자고 같은 집 옆방에 기거하는 통신

장교에게 이야기했다.

　다음날 출근하니 대대장이 불렀다. 뜬구름 없이 바로 해안 107연대로 가라는 것이다. 며칠 전 다녀간 사단장 명령이라고 말했다. 모든 서류는 보내줄 테니 일단 몸을 먼저 이동하라는 것이다. 해안초소 사고 발생 다음날 나는 더블백을 챙기고 숙소를 나서면서 더덕 담금병을 통신장교 문간 앞에 놓고 나왔다. 한 달 만에 전출 명령을 받고 첫 부임지를 이렇게 떠났다. 만감이 교차하는 가운데 새로운 근무지에 대한 내심 두려움을 안고 청송을 출발했다. 청송교도소가 있는 진보라는 곳에서 다시 영덕행을 갈아타고 또다시 울진으로 가는 버스에 올랐다. 동해 바다가 보이는 도로를 달리는 동안 바람에 스치는 눈송이는 점점 커지고 있었다.

　관동 8경 중 하나인 울진 망향정이 보이는 107연대 본부는 적막감이 돈다. 해송으로 둘러싸여 있어 바닷바람을 다소 막아주는 듯하다. 나는 본부 건물로 들어가 인사장교를 만났다. 2년 선배가 맞이해 주는데 분위기는 여느 때와는 확연히 다르다. 사고 관련해서는 자세히 듣지 못하고 곧 중대장, 대대장이 도착한다는 이야기를 들었다. 사실은 사건 후 소대장 순직, 중대장, 대대장은 보직이 해임되어서 오늘 세 명이 새로이 보직 신고를 하는 것이다. 해안부대 특성상 오래 비워 둘 수 없는 지휘관 자리들이다. 오후에 중대장이 도착했고, 곧 대대장이 탄 헬리콥터 한 대가 연병장에 착륙했다. 예행연습을 한 번하고 바로 연대장에게 셋이서 보직신고를 했다.

동떨어진 의무실 가까이에는 45인용 큰 텐트가 쳐 있었고, 총기난동을 부린 가해자와 관련 희생자들이 안치되어 있다고 한다. 나는 말없이 이렇게 순직한 동기생과 임무 교대를 했다. 셋이서 탄 지프차는 죽변에 위치한 대대로 이동하여 중대장과 나는 대대장에게 보직신고를 했다. 다시 지프차에 올라 중대장과 나는 중대가 위치한 예비대로 이동하여 나 역시 중대장에게 보직 신고를 마쳤다. 곧 어둠이 찾아왔고, 파도 부딪치는 소리만 크게 들렸다.

# 충격에 휩싸인
# 소대원들과 첫만남

　그날 밤, 나는 소대원들이 있는 내무반에 들어가 가벼운 만남으로 첫 대면을 했다. 안타까운 사고 이후 즉시 예비중대와 임무교대를 수행한 중대는 전체적으로 어수선한 분위기에 있었다. 병사들 막사와 붙어있는 BOQ에 주섬주섬 더블백을 풀어 잠자리를 했다. 다른 생각할 여유 없이 하루가 참 길게 지나갔다. 다음날에 사고가 발생한 우리 소대를 파악한 결과 매우 심각한 상태였다. 병력의 1/3이 사상자이고 혹은 사고관련 헌병대에서 조사받는 중이다. 또 당시 현장에서 사용했던 모포를 수거해 왔으나 세탁을 할 수 있는 주체를 결정하지 못해 방치되어 있다.

　모포는 사고자가 흘린 피에 검은색으로 변색되어 있었다. 인접 소대의 지원을 받아 추운 날씨지만 동해로 흐르는 남대천에서 밟아서 일단은 묻은 피를 씻어 내는 것을 우선 수행해야 했다. 더 어려운 사항은 사고 현장을 목격한 살아남은 소대원 들도 정신적으로 매우 힘들다는 사실인데, 병원 치료도 없이, 당시는 방치하는 수준이었다. 추가 병력 보충과 재편성을 하였다. 예비대는 일정기간 부대를 재정비하고 교육훈련을 하는 곳이다. 우리 중대는 사건을 극복하기 위해 다양한 교육훈련과 단합을 위한 시간을 할애했다.

우리 소대 사고 개요를 알아야 한다. 다시는 유사사고가 반복되지 않게 해야 하기 때문이다. 고인이 된 소대장 이 소위는 1월에 부임하였다. 전임과 합동근무가 며칠 이루어 졌지만, 업무와 소대원의 신상을 파악하는 데는 한계가 있었다. 매일 야간 근무 시 소총 실탄 250발과 수류탄 2개를 휴대하고 근무에 나서는 병사들은 당시 무장한 북한군이 빈번히 동해안으로 해안 침투하는 경우가 있어 매우 긴장하고 근무를 나갔다.

특히 이곳은 1968년 10월 울진 삼척 무장공비 120명이 잠수정을 이용하여 침투한 일대이다. 하루도 빠짐없이 시행되는 투입 전 군장검사는 엄격한 분위기에서 당일 작전과 암구어 등 특별지시가 하달되는 현장이다. 모든 무장 상태와 전투 장비 작동 여부를 확인해야 한다. 군장검사 후 소대원 전원 진지 투입을 하고 당일 약속된 주요

진지 근무자만 유지하게 되어있다. 소대장이 부임한지 얼마 안 되는 어느 날 투입 전 군장검사에서 주지할 작은 사건이 발생했다. 소대장 지시사항이 하달하는 중에 분대장 김 하사가 어떤 이유로 웃는 일이 있었고, 소대장 이 소위는 즉시 돌려차기로 김 하사를 타격하였다. 이 소위는 태권도 공인 3단으로 알고 있다.

분대장 자원들은 일반적으로 부대에서 상등병때 선발하여 하사관학교에 입교, 소정의 교육 이수 후에는 다른 부대로 보내 분대장으로 근무한다. 김 하사도 그렇게 우리 소대로 전입온지 몇 개월 되지 않았다. 현실적으로 병장보다 군대 생활이 적다 보니 분대장으로서 분대를 이끄는데 애로가 생기게 되고, 심지어 일병, 상병까지도 분대장을 대우하지 않는 일들이 발생하면서 고질적인 갈등의 고리가 되었다. 평소 병장들은 김 하사를 하대하고 심지어 일병들에게 존칭을 쓰지 않도록 통제함으로써 자존감이 많이 상실되어 있었다. 이런 분위기에서 이유가 어떻든 간에 군장검사시 소대장에게 군화발로 맞는 충격을 겪게 되었다.

소대장은 내무반 병사들 간의 상황을 파악하지 못한 신임이다. 김 하사는 소대장에게는 무언의 도움과 해결을 바래고 있었을 것이다. 내성적인 김 하사는 적극적으로 이야기하기가 어려웠고, 본인이 나름 해결 노력을 한 것으로 보인다.

1982년 2월 10일 평소대로 소대장은 해뜨기 30분 전에 모든 근무자 초소 복귀와 실탄 및 수류탄을 일일이 확인하고, 상황실 간이 탄약고에 넣고 봉인 장치를 했다. 그날은 오전 취침하고 오후에 예비대와 해안경계 근무교대를 하는 날이었다. 김 하사와 병장 2명, 박일병 등은 소대장이 자고 있는 상태를 확인하고 인근마을에서 소주와 안주거리를 사 왔다.

서로 위로하고 자축하는 분위기를 만들고 있었다. 가끔 자리를 해왔던 것처럼 내무반에서 주고받으며 소주를 마셨다. 취침 중인 다른 병사들은 피곤해서 곤하게 잠들었고, 소대장도 독립공간인 소대장실에서 기척 없었다. 다만 바위를 세차게 때리고 부서지는 파도 소리만 있을 뿐이다.


한두 잔이 몇 잔이 되고, 한 병이 두서너 병이 되고 나니, 담아 두었던 마음속 응어리를 풀기 시작한다. 취기가 돌았고, 김 하사와 병장들과는 야자타임이 오가는 중 박일병이 결정적인 말 한마디가 혼란을 야기시켰다. "야! 김 하사 노래 한 곡 불러 봐!" 라는 소리에 김 하사는 이성을 잃고 말았다. 쌓였던 감정이 폭발한 것이다. "뭐! 김 하사라 했나?"

하면서 상황실로 황급히 갔다. 그곳은 통제구역으로 근무자와 소대장 외는 함부로 출입할 수 없는 공간이다. 유사시 대비 근무자 개인화기 M16 한 정이 탄창 끼운 상태로 거치되어 있다. 김 하사는 상황근무를 해본 경험이 있기 때문에 내부를 잘 안다.

M16 소총을 들고 나온 김 하사를 본 최병장은 순간 직감하고 앞으로 가서 "김 하사! 왜 그래!"하며 바로 앞에서 제지하는데 김 하사는 공포탄 한발을 천정으로 쐈다. 순간 놀라서 최병장은 뒤로 넘어졌고, 총소리에 내부반은 공포로 쌓였다. 이때 총소리에 놀라 뛰어나온 소대장은 김 하사에 다가가며 총을 내려놓을 것을 명령했지만, 김 하사는 소대장을 향해 한발을 정면으로 쐈다. 첫번째는 공포탄이었으나 두번째는 실탄이었다. 김 하사는 피 흘리며 쓰러진 소대장을 보며 자포자기한 상태에서 천정으로 몇 발 더 날렸고, 옆에서 말리는 다른 병사들을 쏘고는 자살을 선택했다.

순식간에 일어난 엄청난 일에 아수라장이 된 내무반은 사상자들과 바닥은 피로 얼룩졌다. 총알이 스쳐서 중상입은 병사, 창문을 통해 장소를 이탈하려다 입은 중상자도 생겼다. 소대장 포함 5명 사망, 중경상 3명으로, 내가 사건을 전해 듣고서 내무반 목격자들로 확인한 사실이다. 당일 앰뷸런스가 왔었고, 많은 사상자가 생겼지만 세상에는 알려지지 않았던 사건이다. 때는 전두환 군사정권이 들어선 이듬해 겨울이었다.

# 5분 대기조
# 긴급 상황 출동

이 같은 사건으로 소대원들이 겪었을 충격의 실상을 이해하고, 치유하는 시간이 필요하다는 생각을 하게 되었다. 병력이 충원되고, 영내 심신 유지를 위한 정신 교육과 야외 훈련이 병행되는 가운데, 체육활동을 통해 단합을 위한 운동도 진행했다. 가끔은 주변 해송 밑에서 소대 야유회를 열고 열린 마음을 나누며, 보급된 맥주와 음료수를 마시면서 충전의 시간을 보냈다.

해안 경계에 투입되면 제한들이 많고, 야간 적 침투에 대비 긴장 감속에 지내기 때문에 예비대의 시간은 매우 필요한 과정이다. 소부대 독단 훈련이란 것을 강조할 당시이기에 나는 소대원과 산과 들을 걷고, 뛰면서 야외 훈련을 많이 했다.

낮에는 수색정찰과, 야간에는 적 침투 예상지역에 밤샘 매복 근무를 나가기도 했다. 전투체육의 날은 소대별 축구경기를 통해 단결력을 키우고, 승자와 패자의 냉정한 현실을 경험하는 시간을 가졌다.

어느 날 인접소대와 축구 경기에서 패했을 때, 나는 소대원들에게 결과보다 과정을 이야기하고 있었다. 선임하사가 끼어들면서 "애들 진 것도 기분 나쁜데 뭔 잔소리를 하십니까?"라고 한마디 한다. 소대장이 한참 동생뻘이니 나름 보탬을 주려고 한 거 같다. 나보다 열 살이 많은 고참 소대 선임하사이다. 사단 사격 대표로 뛴 적이 있고, 결혼해서 아들을 두고 가까운 마을에 거주하고 있다.

나는 선임하사의 조언을 완고하게 그 자리에서 질책했다.

"어디서 이래 저래야 하는 거야! 꺼져!"라 큰 소리로 외쳤고, 선임하사는 그 시간부로 집으로 퇴근했다.

아무래도 내가 그냥 지나가서는 안 될 거 같아 일과 후에 선임하사 집으로 향했다. 그 유명한 과자 오리온 초코파이 한 박스 들고 작은 대문 앞에 서서 "형님! 계세요!"하고 큰소리로 불렀다. 안에서는 "누구냐!"라 대답하면서 문을 열기에 나는 "접니다!"라 하고 문틈을 밀면서 들어갔다. 지금도 선하게 선임하사와 가족의 모습이 떠오른다. 선임하사는 고개를 약간 돌리는 듯했고, 갑작스러운 방문에 가족은 어쩔 줄 몰라 하면서 "들어오세요."라고 했다.

나는 특별히 할 말은 없었지만, 선임하사 덕분에 어려웠던 일 이후 잘 돌아가고 있다고 고마움을 표시했다. 가지고 온 초코파이를 아들에게 주니 무척 좋아한다.

준비해 온 커피를 한잔 마시고 더 이상 앉아 있기가 나도 불편해서 잠시 후 부대 숙소로 돌아왔다. 다음 날 아침, 선임 하사는 소대장실에 들어와 거수경례를 하면서 출근했다.

부임 2개월 후부터 우리 소대는 5분 출동대기조로 명 받았다. 해안 경계대대는 예비중대 소속 1개 소대가 1개월씩 순환하면서 임무를 수행한다. 기간 중 취침시간에도 군화를 신고 있어야 한다. 소대장은 자동으로 상황장교가 되어 유기적으로 대처하게 되어있다. 실상황이라면, 주로 야간에 발생하기 때문에 낮에는 지시에 따라 야산 및 신속한 도로 이동을 통해 수색 정찰 임무를 수행한다. 인근에 울진 원자력 발전소가 위치한 매우 중요한 곳이기도 하다.

이런 점에서 야간 출동은 대대 상황실에서 실제 상황에서만 지시를 하게 되어있다. 자정이 넘은 어느 날 상황실까지 떠들썩한 소리가 들려 나가보니 진원은 병사들 막사와 붙어 있는 BOQ<sup>간부숙소</sup>였다. 소리나는 방문을 열어 확인한 결과 부 중대장과 병장 두 명이 술을 마시고 있었다.

부 중대장은 순직한 이 소위의 전임 소대장으로 6개월 먼저 임관

했다. 나는 병사들 취침에 방해됨을 주지 시키고 조속히 잠자리에 들어갈 것을 상급자인 부 중대장에게 정중히 요구했다. 한참 시간이 흐른 후에도 그 소음은 그치지 않았다. 나는 다시 한 번 이야기해야 할 사항으로 생각하면서 방문을 열고 좀 더 강한 어조로 해산할 것을 요구했다.

새벽 4시쯤 되었을 때, 정적을 깨고 위병소 근무자로부터 인터폰으로 보고가 들어왔다. 부 중대장이 운동복 복장으로 위병소를 혼자 나갔다는 것이다. 나는 상황병에게 BOQ 부 중대장 방을 다녀오라 했다. 언제 끝날지 모르는 술자리는 진행중이었다.

전역을 며칠 앞둔 병장 2명을 위한 부 중대장의 배려는 도가 넘었다고 판단되었다. 내 판단은 즉시 이 상황을 종결 조치할 수 있는 방법 중 하나였다. 나는 5분 출동대기조를 가동했다. 군화를 신고 가면假兎 상태에 있는 우리 소대원들은 즉각 반응에 5분 내 차량에 탑승하고 소대장 지시를 기다리고 있었다.

나의 지시는 "부대 인근 마을 가게에 비무장한 거동 수상자 1명이 있다는 정보를 받았다. 가게 밖으로 나오면 지체 없이 포박하라!"고 지시했다. 차량 이동 후 조금 떨어진 곳에 위치하고, 각 분대를 적절한 위치에 배치했다. 몇 분 지나 1 분대장이 나에게 뛰어와 "소대장님, 가게에서 나오는 사람이 부 중대장인데 어떻게 할까요?"라고 보고한다.

나는 단호하게 "누구든지 포박하라!" 지시했다. 차량에 위치한 내 앞으로 포박되어 끌려온 부 중대장은 상황을 알아차렸는지 횡설수설하고 있었다. "부 중대장님이 이 시간에 왜 여기 있습니까?" 하고 한마디 하고, 포박한 채 차량으로 중대연병장으로 왔다. 그를 포박시에 소주 2병이 손에 들려 있었다. 포박을 풀어주고는 거수경례로 최소한의 배려를 해주었다.

실상황인 줄 알고 출동한 소대원들은 오전에 군화 벗기고 숙면을 보장했다. 나는 이런 사항을 중대장에게 보고하지 않았다. 피차가 있어서는 안 될 일을 만들었다는 점은 공감하기 때문이다. 며칠 후 회의를 마친 중대장이 소대장들을 막사 뒤로 불러 모았다. 간단한 훈시인 듯했으나, 이른바 군기 좀 잡겠다는 거였다. 소대장들이 똑바로 안 하니 병사들이 느슨하다는 뜻으로 이야기하는 것이다. 중대장은 극히 화난 감정은 아니었고, 우리들은 건물벽을 집고 있는 상태에서 야전 삽으로 몇 대씩 맞았다.

# 7 소초장과 어촌계장의
# 불편한 관계

훈련은 실전처럼 유도했다. 해안경계는 바다가 곧 철책으로 인식해야 한다. 언제든지 바다 물속을 나와 백사장과 바위로 접안하게 되면 적은 침투한 것이다. 즉각 조치 훈련은 강조되어야 하고, 평소 능동적인 훈련을 통해서 대처가 용이한 것이다. 당시 해안침투를 안방 드나들듯했던 간첩 출신들의 순회 안보 강연을 듣고 훈련을 보강하기도 했다.

나는 소총 사격 시 네다섯 발을 연속 발사하도록 하는 점사격 방법을 강조하고, 수류탄 투척 훈련 시 자신감 부여를 위한 방법으로 진행했다. 대체로 수류탄은 안전핀 제거 8초 후 터지고, 땅에 닿아 터지면 45도 이내로 파편이 비산하고, 체공을 짧게 하도록 훈련한다면 360도 전방위에 파편 을 날릴 수 있어 살상 능력이 더 큰 것이다.

훈련용과 연습용으로 반복 후 다음에 실수류탄은 바다로 투척 훈련을 했다. 자신감을 부여하는 것이 매우 중요한 부분이라 생각했다. 적과 마주치는 야간의 상황은 얼마나 긴장을 하겠는가? 특수 교육을 받고 침투하는 적을 제압하고 섬멸하려면 유사한 환경에서 반복 적응 훈련만이 답이라는 확신을 가졌다.

더위가 시작될 무렵 중대는 해안경계 교대를 했다. 우리 소대는 울진 성류굴 가는 길이 멀지 않고, 망향정을 잇는 동해 국도로부터 다소 떨어져 있지만, 작은 포구가 가까이 있는 곳에 자리잡았다. 슬라브 막사로 지어진 당시 군 막사 치고는 현대화된 건물이다. 보일러가 설치되어 있고, 공동 목욕탕을 사용할 수 있었다.

대대에서 부르는 위치는 7소초이고, 나는 7소초장이다. 다소 긴 약 2.5km 해안선 구역을 담당하게 되어, 1개 분대 병력을 떼어서 분초를 운영했다. 담당 구역내에는 작은 포구로 연결된 마을 단위가 3개, 초등학교와 작은 개척교회가 위치했다. 주로 어업을 하는 어촌이다. 외부로 나가는 길은 비포장된 도로 하나가 있다. 뒤쪽으로는 산으로 막혀 있어서 주민들의 유일한 통로이다.

나는 일주일쯤 지난 후 대민활동을 하기로 했다. 어촌계장 등 주민들을 만나 경계작전에 협조를 당부하고, 작전 수행 중 주민 애로사항을 파악할 필요가 있었다. 먼저, 전령을 대동하고 어촌계장 댁을 찾았다. 마을 중턱에 자리한 어촌 계장 댁은 대문은 없고 파란 기와집에 아래채가 붙어 있었다. 마당에는 노가리를 말리는 넓은 판이 마당 길게 햇볕을 받고 있었다. 낯선 사람의 방문을 알리는 개 짖는 소리가 들리자 어촌계장이 나왔고, 그분은 우리를 알아보며 새로 온 소대장이냐고 묻는다. 전임자를 통해 이미 임무 교대 사실을 알고 있었다.

소대 전령은 소대장과 일거수일투족을 함께하는 매우 중요한 역할을 하는 자로 가장 똑똑한 병사를 임명한다. 임무 수행시는 항상 중대용 무전기 P77를 매고 함께 행동한다. 인사차 방문객을 대하는 어촌계장은 소주 한 병과 노가리를 가져왔다. 이어서 두개의 맥주잔을 놓고 소주를 채우고서 한잔 마시라고 권한다. 나는 근무중이라고 사양하기를 두 세번, 전령 김 상병이 내 귀에 대고 "소대장님 한잔하셔야 업무하기 좋습니다!"라 귓속말을 한다. 나는 딱 눈감고 반 잔을 들이켰다. 일시적으로 머리가 휙 돌면서 재자리로 왔다. 이렇게 어촌계장과 소주로 시작한 첫 만남은 불편한 관계의 시작이었다. 전령 김 상병은 해안근무 경험이 있어 분위기를 잘 알고 나에게 조언했던 것이다.

어촌계장과 소대장은 군용전화로 핫라인 Hot Line 을 유지하고 있다.

마을에서 가장 영향력 있고, 배도 여러 척 보유하고 있어서 마을 부자다. 전화는 긴급 사항이나 협조할 사항, 일반적으로 어로<sub>漁撈</sub> 통제와 해제될 경우 사용한다. 가끔 신병이 전입 오면 이른 아침 어로 나가는 배에 승선시키고, 해상에서 바라보는 우리 작전 지역을 관찰하는 기회를 갖도록 했다. 승선 시 소주 1.8리터 대병 하나를 실어주면 하선 시 여러 종류의 고기를 한 박스 내려주곤 했다.

그날 점심 우리 병사들 식탁은 싱싱한 횟감으로 차려졌다. 지금 동해안은 적 침투가 예상되는 곳을 철책으로 만들어 졌지만, 당시에는 오로지 백사장에 둔덕을 쌓아 그 위에 길쭉한 나무들을 엮어서 목책을 만들었다. 침투 흔적을 발견하기가 용이한 곳은 백사장이다. 때문에 저녁 해지기 전에 필히 흔적 제거 작업과 목책 파손 여부 확인을 위한 순찰을 실시한다.

어촌에서는 어로 작업이 없이 맑고 화창한 날은 거물 말리는 일들로 분주하다. 이때 거물 말리는 장소로서 넓은 백사 장이 가장 좋다 보니, 소대장과 어촌계장의 밀고 당기는 패권 싸움이 일어난다. 흔적 제거 작업을 완료 후 야간 경계에 들어가야 하는데 거물을 거두지 않아서 작전에 문제가 생긴 것이다.

소대장 입장에서는 작전이고, 어촌계장은 주민들의 생계로 핫라인은 불이 난다. 나는 고민 끝에 거물 말리곳에 초소를 조정 운영하고, 어로 통제를 결심했다. 각 포구에 정박되어 있는 어선들이 어로 작업을 위해 바다로 나갈 때는 출항지역을 표시하는 약정된 깃발을 소대로부터 받아 가야 한다. 소대장의 선택지는 분명했고, 다음 어로 작업 시 출항을 금지시켰다.

해안부대는 어촌과 인접하고 작전 지역이 마을 앞, 도로, 해변, 어느 집은 초소 이동시 앞마당을 이용해야 해서 대민 문제가 종종 생기는 관계로 나는 한 달에 한 번 있는 반상회에 꼭 참석했다. 양측 애로사항을 놓고 진전도 있지만, 입장을 이해하는 것도 참석의 일정부분 의미가 있기 때문이다. 가끔 전령을 대동하고 낮에 초소 점검 차 가벼운 군장을 하고 호주머니에는 건빵을 꽉 채워서 나간다.

마을 앞을 지날 때는 아이들에게 건빵을 나누어 주면서 흐뭇한 발걸음을 딛기도 했다. 어떤 아이들은 자기집 고추장을 한 그릇 담아 부대로 가져오는 경우가 있다. 군인 아저씨들은 고추장을 좋아한다는 사실을 어떻게 알고 있는지는 묻지 않았지만, 꼭 어머니에게 말씀 드리고 가져와야 한다라는 당부는 하도록 지시했다.

가을에는 관내 초등학교 운동회가 있는 날은 소대장도 참석 대상이다. 교장선생님의 배려로 본부석 끝에 자리를 하나 마련해 주셨다. 연락을 받고 고민 끝에 건빵 한박스를 흰 종이로 포장을 해서 '기증

소대장' 라고 썼다. 보기에는 꽤나 큰 물품을 기증한 거 같이 보였다.

일개 소대장이지만, 병력은 현역 33명, 방위병 일일 20명씩 2교대 병력 40명을 지휘, 해안 담당구역을 막강한 화력으로 작전할 수 있는 소부대 지휘관이다. 이른바 외부 지원 없이 소대 자체적으로 1차적인 해안 대침투 작전이 가능 하였다.

우리 소대 전투장비는 우선 야간 탐조등 2대가 야간작전을 감시 및 대침투 작전 시 지원하고, 81mm 박격포 2문이 야간작전에 조명탄을 지원, 1문 60m 소대 박격포 화력 보강, 각 분대별 M60 기관총을 보유하고, 접근하는 간첩선 등 선박을 파괴할 수 있는 구경 20mm 기관포 1문이 배치되었다. 이 장비들 관리가 쉽지 않았다. 바다 파도에 날리는 염분은 순식간에 전투장비를 녹슬게 하기 때문에 수시로 닦고, 기름 치고, 기능 점검을 해야 했다.

# 전입 신병들에게
# 자존감 심어주기

　나는 우리 병사들의 36개월 병역의무를 여러 측면에서 관심을 가지고 있었다. 군 복무 전에 다양한 일과 직업을 가졌고, 살아온 환경이 다른 사람들이 그것도, 가장 꿈 많은 나이에 국방의 의무라는 가치를 만들어 내야 한다. 육체적으로나 정신적으로 쉽지 않은 복무기간이다. 앞서 언급하였지만, 우리 군대문화는 정체성이 혼란스러웠다. 해방 이후 일본군 및 만주군 출신과, 광복군 출신들, 미군정을 통한 미국식 군사교육 등 이후 국방의 의무라는 틀 안에서 많은 젊은 청춘들이 의문의 사고에 노출되고, 인권의 사각 지대에서 결코 안전하지 않았다.

　이전 우리 소대 사고에서 큰 문제를 발견할 수 있다. 각 부대가 선발한 상병 분대장요원 훈련대상자는 결코 그 부대의 활용 자원이 아니었다. 상급부대 지시에 의거 차출하고 보내면 된다. 소정의 교육을 마친 분대장은 하사로 임용되어 다른 부대로 명령을 받게 된다. 사고자 김 하사는 전방 사단에서 근무하다 차출되었다. 새로운 부대에 배치되니 병사들은 이른바 짬밥으로 서열을 정해서 내무반 군기를 유지한다.

김 하사는 결코 병장보다 상위 서열이 될 수 없었다. 분대장으로서 받은 교육이 현실에서는 무용지물이고 자괴감마저 느꼈던 것이다. 전 부대에서 김 하사를 차출한 배경에는 편견을 빼 놓을 수가 없다. 당시 일반적으로 우려했던 한 부모 가정 출신이라는 점은 사고와 직접적인 관련이 없다 하더라도, 군 내부의 책임회피성을 간과할 수 없는 부분이다.

어떤 이유 혹은 문제아로 보고, 부대들은 차출해서 전출 보낼 수 있는 기회를 이용한 것이 일반적 상식이다. 이 제도로 인해서 병사들 간에 많은 문제점을 파악했지만, 우리 소대 사건 이후에 전 육군은 분대장요원 선발과 교육 후 자대 복귀로 바뀌었다.


신병들이 우리 소대에 전입오면, 나는 우선 자존감을 키우도록 당부했다. 부모님에게는 귀한 자식이고, 형제이고, 둘도 없는 친구이고, 사랑하는 애인이고, 나아가 국가의 큰 인물이 될 사람이라는 사실이다. 그러나, 훈련소로 입대하면서 인간적인 처우를 해주지 않았다. 단지 계급에 따른 처신과 그저 시키는 일만 잘 하는 머슴 같은 존재로 새로 태어나길 바란다. 좀 과한 생각이라 하는 부분도 있지만, 여기서부터 이야기가 되어야 발전이 되고 개선되기 때문이다.

내가 전입 신병에게 질문하길, "김 이병! 소대장 계급이 뭐지?"하면 김 이병은 "소위 이십니다" 대답한다. 내가 또 질문한다. "김 이병! 내가 계급이 소위이지 인간적으로도 소위일까? 또 김 이병이 계급이 이병이지 인간적으로 이병인가?" 라 했을 때 김 이병 답변은 명확하다. "아닙니다!" 여기서부터 출발했다. 군대는 계급 사회이지만, 부당한 지시라 생각되고, 인간적으로 비하를 받는 상황이면 언제라도 말해야 하고, 거부할 수 있어야 한다는 것을 확인시켰다.

그리고 버선 한 켤레와 소대장을 비롯한 내무반원들과 찍은 자연스런 사진과 손글씨 편지를 동봉해서 신병 부모님께 보내 드렸다. 손글씨 내용에 소대장은 귀한 자제의 국방의무를 잘 도와 건강하게 귀가하도록 최선을 다하겠으니 염려 마시라는 내용이었다. 평범한 내용이지만 나의 큰 소임 중 하나다.

우리 소대원들은 전방 철책부대와 동일하게 휴가를 6월마다 부여된다. 그래서 면회도 허용하고, 외출 외박을 자주 부여함과 동시에 공적이 있을 때 시행되는 특별 외박 제도를 잘 활용하도록 조치했다.

가족들이 면회오면 소대장 권한으로 원하는 병사에게 지역 마을에서 민박을 하루 보내고 중대에서 규정된 외박을 하기도 했었다.

# 음주사고
# 방지의 고뇌


우리 소대가 해안에 전개되면서 가장 주의를 요하는 것이 음주이다. 작전 지역은 근무 여건상 술을 가까이할 수 있는 장소와 시간대가 자연스럽게 형성되어 있다. 소대 총기 사건도 이러한 여건에서 시작된 것이다. 여름철에도 야간 경계 근무시에도 찬 바닷바람에 야전 상의를 입어야 한다. 겨울철은 이중 삼중 방한복을 입어도 서서 근무 서기가 힘들어 몸을 녹이는 소주 생각이 절로 난다. 지나가는 말처럼 이야기하지만, 그 실상은 더 심하다.


2.5km의 해안을 순찰하면 나도 몸을 녹이고 싶었으니, 가만히 2시간을 긴장속에 전방을 주시하고 있는 초병들은 오죽하겠는가? 야간 근무의 춥고 배고픈 실상을 보완하고자 밤 언제라도 취사병이 라면을 준비한다. 가을 언젠가 막사 주위 시설을 살펴보다가 여러 개의

소주병을 발견하게 되었다.

　소대장 눈을 피해서 암암리에 라면에 소주를 마신다는 사실이 확인된 것이다. 취사반장을 불러 진위를 확인하니, 근무 교대 복귀 시 소주를 구입해서 라면과 마시고 취침한다는 것이다. 현행범이면 영창으로 보내야 하거늘, 어떻게든 조치를 취해야 할 것으로 판단했다. 보고되지 않은 음주 행위가 화를 일으키는 사례가 대부분이라 보면 이는 심각하다.

　야간 순찰시에 전령을 대동하지 않고, 혼자서 동네 어귀에 있는 구멍가게에 들렸다. 주인 아주머니가 반가이 맞아 주면서 맥주 한 병을 내 앞에 갖다 놓는다. 그땐 무슨 의미인지 몰랐지만, 시간이 지나면서 이해를 하게 되었다.

　나는 병사들이 근무지를 오가면서 가게를 어떻게 이용하는가를 알고 싶어 왔는데, 이런저런 이야기 중에 새로운 사실을 알게 되었다. 소대원 다수가 외출 나간 울진 읍내에서 발급한 농협통장을 아주머니가 관리해주고, 가게 이용시에 차감하는 방법으로 이용한다고 이실직고한다.

　실태를 파악하고 정확한 진단을 통해서 처방을 해야 하는데 어디서부터 시작해야 할까 고민만 하고, 소대원들에게 계속 경고성 주의만 던지고 있었다. 어느 날 오전 소대 원들이 취침 상태에 있었다.

큰 고함소리에 소대장실을 나와보니 상병 한 명이 술이 취해서 횡설수설하는 게 아닌가. 취중醉中이라 좀 진정을 시킨 다음, 이 병사가 대낮에 술을 마셔야 할 이유가 무엇인지 파악해야 했다. 일단 취침을 하도록 지시했는데, 얼마 후 현관 유리문이 깨지는 소리가 크게 들렸다. 순간 깨진 유리에 상병의 오른손목 정맥이 찔리고 터지면서 피가 쭉 뻗어 흘렀다.

나는 입고 있는 다른 병사 흰 상의를 찢어서 손목 위를 묶어 지혈을 시키고 안정을 시켰다. 피를 본 우리 소대원 다수는 이런 모습에 트라우마가 있어서 나는 상황실에 들어가지 말라고 지시했다.

얼마 지나서 지프차 1대가 들어온다고 상황병이 보고한다. 나가 보니 연대에 파견 나와 있는 사단 헌병대 상사라고 하면서, 무슨 일 있냐고 나에게 묻는다. 아차, 누군가 그 사이에 전화기를 돌렸구나 라고 짐작했다.

나는 헌병에게 약간의 부상으로 피가 났는데 조치했고, 소대장이 옆에 있어서 이상 없다고 하니 헌병은 지체 없이 돌아갔다. 전화기를 돌린 자는 상황병으로 확인했다. 놀란 마음에 나름 상황이 더 커지면 곤란할까 싶어 가까이 있는 연대로 일단 보고했다는 이야기이다. 질타는 하지 않았다. 상병의 음주행위는 술은 먹고 싶고 같이 갈 동료는 없고, 해서 혼자 먹고 왔다는 진술이다. 소대 막사는 별도 울타리와 위병소가 없어서 마음만 먹으면 언제라도 상점에 다녀올 수 있는 구조다.

항상 잔잔한 물결 위로 바람이 불면 파도가 밀려오듯 무슨 일이 일어날 듯하였다. 나는 해안 투입 2개월이 지나서부터 약간의 긴장감이 몰려왔다. 한편으로 병사들은 어느정도 자리가 잡히고 익숙하면 긴장감이 느슨한 때이다.

평소 소대 지휘방법에 수정이 필요하다는 생각이 들면서 가슴이 답답하게 느껴진다. 야간 순찰 후 새벽에 잠이 잘 들지 못하였다. 이런 내 모습을 본 전령이 "소대장님, 담배 한 대 피우시면 잠 잘 옵니다."라는 말에 화랑 담배를 한 모금 빨았다. 머리가 핑 돌면서 누워버렸다. 내가 담배를 20년 피우게 된 시발점이었다.

야간근무 일상이 불규칙한 신체리듬을 만들고, 그것을 일깨우는 무엇을 찾게 되는 것이다. 술과 담배가 병사들에게도 그런 역할을 하고 있다는 반증이다. 담배는 보급품으로 통제 없이 피울 수 있지만 술은 엄격히 제한된다. 사실은 보급 규정상 병사들에게도 한 달에 맥주 1병정도는 할당되어 있으나, 해안 근무 시는 통제되었다.

쳇바퀴 돌아가듯 일상에 병사들의 무료함은 가장 취약한 부분이다. 힘든 훈련 후 적절한 휴식이 필요하다면, 우리 병사들은 또 다른 방식의 휴식개념이 필요하다. 소대원들을 바라보는 나의 생각을 변화시켜야 한다. 매월 생월자들을 위한 가벼운 축하행사가 있다. 과자와 음료수로 조촐하게 생일 축하를 해왔다. 나는 이자리를 통해 음주 통제력을 시험하기로 했다. 아침 식사 후 취침 전 우선 선임하사를 통해 소주 몇 병과 안주를 준비토록 하고, 상황병에게는 둘 만의 약정을 통해 축하행사 시작 15분 후에 중대장이 우리 소대 쪽으로 출발했답니다라 보고하고, 또 10분 후 중대장이 다른 인접 소대로 갔다고 보고하라고 했다.

소주 한 잔씩 따르고 축하 덕담 등 가벼운 이야기와 음주는 소대장이 허락하는 자리에서는 일정량 가능함을 천명天命 하고, 어떤 경우에도 보고 없이 음주하는 병사는 용서 없이 군법으로 처리할 것이라 경고하였다. 어느정도 시간이 지나고 상황병이 내무반으로 와서 "중대장님이 우리 쪽으로 출발하셨답니다."라고 보고하니 말이 떨어지자마자 선임하사를 포함 놀란 닭처럼 자리를 일어나려고 호들갑을 치려고 한다. 나는 다시 자리에 앉혔다.

중대장 이동하는 시간도 있으니 남은 거 처리하자 하고 소주잔을 비운 후 천천히 돌아 나와 소대장실에서 전투복을 갈아입고 중대장 맞이할 준비를 했다. 그리고 내무반 문을 열어봤다. 그 사이에 모두 취침 상태로 들어갔고, 탁자 위의 행사 흔적이 깨끗이 사라진 내무반은 그날 치약향이 짙게 풍겼다. 상황병이 10분 후 중대장 위치를 보고함으로써 시나리오는 성공적으로 끝났다. 소대원들에게 나는 누구인지, 그들이 나의 권한을 어디까지 보고 있는가? 어떤 신뢰를 줄 수 있는가, 고민은 계속될 수밖에 없었다.

동해바다 해변 추위는 여느 곳보다 일찍 찾아오는 거 같다. 담배도 몇 개씩 더 피우고 있었다. 매일 아침에는 중대장에게 유선 전화로 지휘보고를 한다. 소대인원과 전투장비 이상유무, 부식관련 사항, 대민관련 내용, 기타 특이사항 등을 보고한다. 오늘은 방위병 진급식이 있는 날이다.

해안은 취약지역으로 구분되어 인근 병력자원들 대부분이 학력과 관계없이 방위병으로 군 복무한다. 나는 40명을 관리한다. 출근 여부를 체크해서 그들의 근무 일지를 관리하고 현역들과 마찰이 없도록 해야 한다.

이 또한 문제점을 안고 있었다. 예를 들어 현역 일병과 방위병 고참 상병과의 갈등이 생기고, 현역의 입장과 집에서 출퇴근하는 방위병의 이른바 군대밥은 늘 갈등의 고리가 되었다. 진급을 하는 방위병들에게 상호 계급에 준하는 대우가 있도록 조치하겠다고 강조하였지만, 그들의 내부속에서는 나도 모르는 질서가 분명하다는 사실은 감출 수 없다.

그해 크리스마스 이브날이다. 사회에서는 들뜬 분위기에 있을 때, 우리 소대원들은 살을 애는 찬 바다 바람을 마주하며 예상되는 적의 침투에 대비 총을 겨누어야 한다. 이 시대에 우리가 걸어야 하는 길이고 의무이다. 젊은 청춘들의 마음 한 구석에는 그리움이 쌓인다. 투입 전 군장 검사를 완료하고 전원 진지 투입 후 해상 박명 종 <sup>EENT</sup> 30분이 지나면 운영초소 몇 개를 제외하고 복귀 해야 한다. 그날 분대장 4명이 밤 9시가 지나도 복귀하지 않는다. 무슨 일이 생겼는지, 이유가 무엇인지, 군대는 보고에서 보고로 끝나야 안심인데, 복귀 보고를 해야 하는 분대장들이 안 나타나니 보고를 받아야 하는 나는 속이 탄다.

담배를 하나 물고 서서 있는데 인기척이 나고, 다가오는 분대장들에게서 술 냄새가 난다. 많은 양은 아닐지 모르지만, 분대장들끼리 나름 크리스마스 이브 기분으로 한 잔 한 걸로 보인다. 모범을 보이고, 소대장 지시에 따르고, 협조해야 할 분대장들의 행위는 간과할 수 없다고 판단이 되었다.

충격적인 사고를 겪었고, 근래 음주 소란까지 일어나 소대장이 음주에 대한 경고를 얼마전에 알기 쉽게 알려준 적이 있다. 나는 무척 화가 났고, 냉정을 찾아야 한다고 속으로 다짐을 했지만, 결론적으로 참을 수가 없었다. 1분대장만 남기고 다른 분대장들은 내무반으로 보냈다. 1분대장이 주동자이기 때문이다. 하사 고참이고 장기복무자로서 내무반에서 영향력을 갖고 있다. 병으로 전방 근무 시 사건이 있어서 해결책으로 장기를 선택한 1분대장은 음주 문제를 해결해야 할 대상자가 확실하다.

나는 두 가지 제안을 했다. '첫 번째는 근무 중 음주행위로 영창 간다', '두 번째는 명령 불복종으로 소대장에게 어떠한 처벌도 받는다.' 선택은 두 번째였다. 나도 내심 두 번째를 바랬다. 나의 부하이고 해결해야 하는 주체는 소대장인 나이기 때문이다. 처벌 방법으로 '엎드려 뻗쳐 상태에서 겨냥대로 5대 때리겠다. 움직이면 다친다.'라고 고지했다. 81mm 박격포 겨냥대는 쇠몽둥이 형태로 견고하다. 살이 많은 엉덩이에 정확히 힘을 주어 내리쳤다. 기억하고 또 기억해서 다시는 불상사가 나지 않기를 바라는 나와 분대장의 다짐으로 마무리했다. 음주 통제 방법의 효과는 재임 간 잘 이루어졌다고 생각하지만, 병사들 내무반 속사정은 역시 그들만이 알고 있을 뿐이다.

# 아쉬운
# 대침투 작전

1968년 10월 30일부터 11월 9일까지 10일간 한국 현대사에서 매우 충격적인 대규모 군사 도발이 있었다. 울진 삼척지역 해안을 따라 120여명의 북한군 특수부대원이 침투하였다. 그들은 경상북도와 강원도 도경계지점인 고포마을을 이용, 내륙으로 좁고 길게 연결된 계곡을 따라 이동하였던 것이다. 어선을 이용 밤중에 이곳 해안으로 침투했고, 강원도 산악지대를 통해 마을에 들어가 주민을 살해하고 민심을 교란하였다. 이후 향토 예비군을 창설하는 계기가 되었다.

우리 소대는 예비대 주둔 중에 이곳 침투지역으로 월광을 고려하여 자주 야간 매복작전을 수행했다. 이후로도 소규모 해안 침투는 빈번하게 있어 왔다. 우리 7소초 작전지역의 특성상 바닷가는 바위로 단애지역이 많이 형성되어 있고, 수중 침투하는 적잠수요원들이 쉽게 접안해서 흔적도 없이 내륙으로 진출하기가 용이한 곳이 많다.

나는 취약지역을 당일 달빛 여부, 파도 높이, 기타 상급부대 정보에 따라 초소를 운영했다. 과거 동해안으로 침투한 적 있는 귀순자의 증언에 의하면 초소간 간격이 50m면 뚫고 침투할 수 있고, 발각시는 즉각 대응이 가능하다고 증언했다. 나는 병사들에게 적극적인 경계와 전투준비를 요구했다.

해안 투입 후 대대장이 주관하는 야간 사격측정 결과 우리 소대는 거의 최하위 수준을 받았고, 결국 대대장은 야간 사격 향상방안을 연구하라는 지시를 하였다. 야간 경계근무를 하면서 어떻게든 사격술을 향상하도록 준비를 해야 하는데 조건은 그리 녹녹하지 않았다. 또 이론만으로 야간 사격을 향상시키기에는 어려웠다. 수소문 끝에 인접에 위치한 연대 탄약관과 협조하여 M16 소총 실탄 약 3천발을 확보했다. 그는 탄피만 전량 회수되면 분출 가능하다는 조건이었다. 나의 복안은 이 기회에 소대원들이 자신 있고 능동적으로 소총을 다루어서 적과 교전시에 성과를 극대화를 위한 대비도 하는 것이었다.

사실 예비대 주둔 중에는 실사격 훈련이 매우 제한적으로 시행되기 때문에 내가 원하는 해안에서 대처 방법은 아니라고 봤다. 따라서 방위병부터 계급별 전 소대원에게 다양성 있는 사격 기회는 소총에 대한 자신감을 갖게 하는 것이다. 야간에 근거리에서 사격 훈련은 주간 교도 사격하는 방법을 완전 배제하고, 내가 연구한 내용을 토대로 계급별, 거리별, 사격방법별, 월광별로 분석하는 과정을 거쳤다. 백 사장에 50m, 30m, 20m 표적을 바다로 설치하고, 약 한 달간 매일 한시간씩 총소리를 울렸다. 사격방법은 야간 사격방법에 의한 1발 씩 단사 결과 확인 후, 이어서 4,5발을 쏘는 점 사격 방법을 훈련시 켰다. 매우 효과적으로 자신감 있게 소총을 다루는 능력을 보여줄 수 있었다. 사격 횟수가 증가하면서 명중률이 최대 96%를 달성하기도 했다. 대대장과 중대장, 소대장들 앞에서 그간 향상방안 연구와 실제 분 석한 결과를 발표하였고, 많은 관심 속에 자료를 배포하였던 사례 가 있었다.

예비대에서 소대원들은 실 수류탄 투척 훈련을 통해 자신감을 키 웠던 적이 있다. 해안 투입 후 좀 더 적극적인 경계 유지 방법으로, 근무 시 실탄 일발 장전하고, 노리쇠 안전 위치, 수류탄은 봉인을 제 거하고 언제든지 투척할 수 있도록 지시하였다. 선임하사는 의견을 제시하면서 안전을 매우 염려하고 있었다. 지금까지 소총에 탄창만 끼운 상태였고, 수류탄은 봉인한 채 휴대하고 근무했기 때문이다.

적과 교전이 벌어지면 소대장에게 보고할 시간이 없다. 즉시 초 소 경계병은 소총과 수류탄을 사용해서 교전으로 조치 한 후에 보고 하는 것이 선조치후보고 개념이다. 적 침투 발견 시 소총 장전을 위한 노리쇠 후퇴를 시키는 순간 적은 소리에 대응할 것이고, 긴장된 상태에서 어두운데 수류탄을 개봉하고 투척 준비를 하는 것도 실전에서 실수를 유발할 가능성이 큰 것으로 판단되었다.

이런 즉각 조치를 위한 지시는 상급부대에서 지시는 아니었고, 어디까지나 소부대 독단활용 작전능력을 강조한 당시 분위기를 적용한 것이다. 사단장 또는 예하 지휘관들은 그 계급과 직책을 담보로 나와 같은 지시를 할 수 없었다. 한편으로 해안에서 침투 사실을 발견만 해주면 내륙 작전으로 이어진다는 이야기도 들은 적이 있다. 뉘앙스의 차이이지만 매우 소극적 전투준비라는 느낌은 분명했다.

밤 기온이 쌀쌀한 9월 가을 날이었다. 달빛은 없고 맑은 하늘에 파도가 약하게 출렁이는 정도였다. 이 같은 날씨는 수중 침투가 가능한 조건을 다 갖추었다고 볼 수 있다. 10시쯤에 탐조등<sup>서치라이트</sup> 근무자로부터 인터폰 연락이 왔다. '잠수복 입은 물체가 탐조등 전방으로 접근하고 있다' 라는 보고를 받았다. 머리가 팍 서는 느낌을 받았다.

재차 물으니 아래쪽에서 사람 같은 물체가 지나간 것을 본 후 검은 물체가 계속 접근하고 있다는 것이다. 나는 지체없이 전 소대원을 기상시킨 후, 실탄 휴대하고 물체 접근 해안지역으로 이동 전투 배치

시켰다. 상급부대로 1차 상황보고를 한 후 나는 전령과 함께 뛰어서 탐조등 위치로 올라 갔다. 바다 쪽으로 돌출된 조그마한 암벽지대 위에 설치 된 곳이다. 탐조등은 발전기 전류를 흘려 두개의 카본을 태워서 강력한 빛을 반사경에 모아 바다로 비추는 방식이다. 카본이 일정 간격을 유지 해야만 이 빛을 내는데 타면서 간격이 벌어지면 조정하는 약 10분간은 정지되는 것이다.

탐조등이 작동하는 동안 확인된 물체는 출렁이는 파도에 접근 속도가 매우 느리게 보이고, 검은 잠수복 같은 것이었다. 야간의 강력한 탐조등 빛으로 위에서 본 바다는 깊고 검푸른색이 진하게 보였다. 상황을 보니 잠수복 검정물체는 움직임이 둔하고, 적이라면 수중 침투 도중 부상 등 문제가 발생하여 표류하고 있는 경우라고도 생각했다.

계속 보고만 있을 수 없다는 판단으로, 이 마을에 사는 돛단배를 저을 수 있는 고참 방위병을 찾았다. 병장 1명과 작은배를 이용하여 검푸르고 깊은 바다 위를 저어 물체로 접근하고 있었다. 뱃머리에 병장을 위치시키고, 나는 중앙에서 소형 무전기로 탐조등과 교신하면서 검정 물체 쪽으로 유도를 받으며 접근했다. 물체에 거의 도착하니 뱃머리에 위치한 병장이 긴박한 상황에 머리를 숙이고 총구를 공중으로 하고 있었다. 자리를 바꿔서 내가 앞쪽으로 갔다. 나는 M16 총구를 물체 방향으로 조준하고 방위병에게 더 가까이 저어가자고 손짓했다.

　검은 잠수복 물체는 부상당한 적이란 느낌이 강하게 들었다. 왜냐면 어깨가 보이고 고개를 떨군 형체로 보였기 때문이다. 적이라면 이 순간 나를 공격할 수 있다고 생각했고, 검은 잠수복 물체가 지근 거리에 오자 방아쇠를 당겨 한발을 어깨에 쐈다. 총소리는 파도 소리에 묻히듯 했지만, 만곡 지형의 반사로 크게 울려 퍼졌다. 움직임은 없어서 더 가까이 손짓했고, 또 한발을 당겼다.

　잠수복 차림의 물체는 움직임이 없어 건져 올리기로 하고 뒤에 병장을 불러 같이 어깨 쪽을 잡고 위로 힘을 주는 순간 쭉 딸려 올라왔다. 깜짝 놀라면서 어처구니없는 일이 벌어졌다. 올라온 것은 검은 두루마기였다. 물에 젖은 두루마기는 양쪽 어깨 쪽에 공기 들어가면서 그렇게 보였던 것이다. 허탈한 마음과 아쉬움이 교차하는 가운데 다시 부두로 돌아와서 두루마기의 출처가 궁금했다.

　탐조병이 보고한 내용중 어떤 물체가 앞을 지나간 것 같았다는 말이 생각났다. 어촌계장을 통해 두루마기 주인을 수소문해 달라고 하니 마을 방송을 했다. 그 사이에 나하고 전입신고를 같이한 중대장, 대대장이 도착했다. 대대장은 보고를 받고는 실망한듯 바로 차를 돌려서 떠났다. 얼마지나 어떤 아주머니 한 분이 오더니 두루마기를 본 순간 힘없이 앉으며 우는 것이다. 시아버지가 잔칫집에 가셨는데 돌아오지 않아서 무척 기다리고 있었다는 이야기다. 그렇다면 실족 가능성이 있다 보고 탐조등 주변과 방파제 일대를 수색했다. 예상은 사실로 확인되는 순간이다.

한 노인이 방파제 큰 바위 사이에 속내의 차림으로 발견되었다. 어처구니없는 작전이었지만 소중한 가족을 찾은 성과도 있었다. 중대장은 이 사실을 대대장에게 보고했을 것이다. 나는 중대장에게 탐조등 근무자 2명을 3박4일 특별 휴가 조치를 건의하여 시행했다. 사수인 현역 근무자는 집이 부산이었던 걸로 기억한다.

예상치 못하는 상황이 발생하는 곳이 해안부대이다. 그래서 시간이 갈수록 긴장감은 더 밀려온다. 느슨하고 안이함은 상황 대처에 둔하게 반응할 수밖에 없다. 항상 준비된 대응만이 작전에 성공을 줄 것이다. 탐조등 가까이 위치한 20m 기관포도 며칠 전 실사격을 통해 간첩선 격파를 위한 위력 성능 점검을 완료한 상태였다.

# 개척교회 부흥에
# 일조

　해안 배치 후 작전 지역내를 순찰하는 중에 특이한 건물을 발견
했다. 매우 인상적인 형태라 둘러보기로 했다. 옛 어릴 때 동네에는
담배 잎을 건조하는 곳이 있는데 유사한 형태로 만든 곳이다. 흙벽
돌로 높이 쌓았고, 안쪽을 들여다보니 짚으로 만든 멍석을 깔아 놓았
고, 가운데는 나무로 어설프게 만든 탁자가 놓여 있다. 뒤쪽 벽에는
나무를 다듬지 않고 만든 십자가 모습이 보인다.

　그제서야 교회라는 사실을 알았다. 나와서 우측으로 발길을 옮기
니 역시 흙으로 만든 초가집 형태의 작은 움막이 보였다. 인기척에
문을 열고 나오는 젊은 남자와 아내로 보이는 여자를 보았다. 나이는
40대로 작고 왜소한 체격으로 느껴졌다. 나를 소개하고 순찰 중이라
고 말하니 그분은 전도사 라고 한다. 그 내외는 서울 사람이고 선교
활동중인 전도사로 여기까지 오게 되었다는 이야기를 하였다.

가벼운 대화속에 마을에서 교회 예배에 참석하는 교인이 몇 명 정도 되는지를 묻지 않을 수 없다. 어린이, 노인들을 위주로 5명도 채 안 된다는 것이다. 도중에 부인이 "커피를 드릴까요?" 여쭈길래 고맙다고 말하고 부엌을 보니 흙으로 만든 부뚜막에 작은 솥 하나 걸려있고 식기 몇 개가 전부다. 솥에 불을 때고 물을 끓인다.

참 귀중한 손님에게만 대접하는 맥심커피는 오래되어 보이는 커피잔에 담겨왔다. 작은 마루에 걸터 앉아 바다 바람을 맞으며 마시는 이 커피는 세상에 나만이 느끼는 맛이었다. 선임하사에게 기독교 신앙을 가진 병사들을 파악하고 수요일과 일요일 예배에 참석하도록 조치했다. 다른 병사들 불만이 없도록 주간 근무를 잘 조절하는 것이 필요했다.

봄 여름이 지나 가을에 다시 만난 전도사는 나를 무척 반겼다. 우리 병사들이 예배에 참석하고 나서 교회가 많이 변했다는 이야기를 한다. 우선 교인들이 늘었고, 특히 어린 학생들과 마을 아주머니들이 예배에 참석한다고 했다. 병사들도 교회를 통해 정서적으로 많은 도움을 받게 되고, 지역 주민들과 자연스럽게 소통하는 자리가 마련되는 동시에 교회 입장에서도 획기적인 변화가 생긴 것이다.

전도사는 나에게 "소대장님은 왜 교회에 안 오시냐?"고 하길래 "나는 교회에 안가도 하나님 마음을 조금 알고 있습니다"라 대답했다. 전도사 내외 얼굴이 한결 펴진 모습을 보고 돌아오는 좁은 해안가 비탈길에도 가을이 물들고 있었다.

그간 조금 소원했던 대민관계가 교회를 통해 진전된 것으로 보고 있다. 우리 소대는 독립소대로 모든 부식을 정기적으로 추진을 받아 자체적으로 취사를 해서 해결하는 최소 단위부대라 보면 된다. 물자가 여유 있게 보급되고 부식은 충분히 먹고도 남을 정도이다. 앞서 조금 언급했지만 어떤 상황에서도 외부 지원 없이 일주일 정도는 전투와 생존을 위한 준비가 되어 있다.

취사반장을 통해 알아본 결과 연말이 되니 쌀이 많이 남는다는 것이다. 12월 크리스마스가 다가오니 내무반에는 다양하게 성탄과 새해인사 카드가 도착했고, 병사들은 소나무로 크리스마스 트리를 만들어 주렁주렁 걸어 두었다. 얼마전에 전역한 교육대학교 출신 분대장이 교사로 근무하는 학교 어린이들을 통해 대거 위문편지를 보내와서 난리가 났다. 어린이들의 손편지는 병사들 마음을 흐뭇하게 해주기에 부족함이 없었다.

나는 이벤트 계획을 구상했다. 선임하사를 불러 내 생각을 이야기하고 집에 가는 길에 교회 전도사를 만나보라고 했다. 내용은 크리스마스 날 교회 예배 후에 다들 우리 소대로 와서 안전 기도를 부탁하고, 쌀이 많이 남아 있기에 우리 손으로 점심을 대접해 주고 싶은 의도였다. 마을분들에게는 미지의 공간을 방문하고, 색다른 군대밥을 먹을 수 있는 기회는 나에게 큰 기대감이 될 것은 분명하다.

거창할 것 같지만, 국민을 위한 군대의 모습은 국민의 신뢰와 믿음으로 시작해야 한다. 나와 병사들에게는 부모님이고 이웃과 형제들 같은 주민들이다. 며칠 답변을 미루던 전도사로부터 전해온 소식은 어렵겠다는 내용이었다. 다시 한 번 선임하사를 통해서 사유를 알아본 결과 다소 의외였다. 전도사는 많은 병사들이 있는 부대로 가는데 빈손으로 갈 수 없는 형편이 부담이 되었던 것이다.

개척교회 재정은 아무것도 없다. 돈이 급히 필요하면 서울 가서 아는 교회 장로들을 통해 지원을 받아야 한다고 나에게 말한 적 있다. 나는 전도사에게 성탄절 당일은 우리가 다 준비할 테니 부담 없이 몸만 오기로 방문 확정을 받았다. 당일 아침 중대장에게 지휘보고를 통해 안전기도회 및 주민과 식사계획을 보고했다. 어린이와 20여 명의 교회 마을 분들이 입장하니 내무반이 꽉 찼다.

기독교 신자인 중대장도 도착해서 안전기도회를 마치고 식사를 했다. 병사들과 같이 식사를 하는 주민들이 그날은 가족이었다. 정성을 다해 식사 준비를 했고, 연말이라 많은 위문품도 있어서 참석하신 모든 분들에게 나눠 줄 수 있었다. 그때 찍은 사진 몇 장 중에는 전도사 손잡고 찍은 사진이 인상 깊다. 이 기록을 신구전문대 사진학과 다니던 병사가 찍었다. 필름 값은 내가 주고 소대원들 추억의 사진 많이 만들어 주라고 하면서 나도 덕분에 추억의 기록을 꽤나 남길 수 있었다.

해가 지나고 구정 설날이 가까이 올 때쯤, 주일 예배간 병사를 통해서 연락이 왔다. 부대 방문을 하고 싶다는 전도사의 소식을 가져왔다. 지난번 대접 잘 받고 왔다면서 교회 다니는 마을 분들과 오겠다는 것이다. 약속한 날짜에 교회 다니는 어린이와 마을 분들이 시루떡을 머리에 이고 왔다. 그리고 소대장실을 좀 빌려 달라면서 이유를 물으니 어린이 탈의실로 사용하기 위함이다. 어린이들이 재롱잔치를 준비했다. 무대는 내무반 반쪽, 우리는 반대쪽에 관람자로 앉아 애써 준비한 재롱잔치에 힘껏 박수를 보냈다.

그 후 22년이 지난 2004년경 바람도 쐴 겸해서 동해를 찾았다. 버스 타고 강릉에서 내려 걷다가 또 타고를 반복하며 그 마을에 들어섰다. 새롭게 변한 해안도로에 변형되어 많이 변해 있었다. 교회는 그 자리에 보기 좋게 신축되어 있었지만 전도사는 서울로 간지 오래되었다는 이야기만 들을 수 있었다.

# 바다 낚시로
# 받은 호출

초등학교 여름철에는 물고기를 맨손으로 개울을 뛰어다니며 잡기도 했다. 피라미, 붕어, 모래무지는 내가 사는 개울에서 주로 잡았던 물고기이다. 물풀숲을 헤치고 더듬어서 맨손으로 잡을 수 있다. 깊은 물이나 저수지에서는 대나무 낚시를 즐겼다. 미끼는 거름더미에서 지렁이를 잡아 미끼로 사용했다. 어느 날 집에서 다소 떨어진 저수지 낚시를 혼자서 갔다. 반나절 내내 한 마리도 못 잡고 지루한 시간이 흘러가고 있었는데, 갑자기 찌가 물속으로 쭉 빨려 들어가고 낚시줄이 팽팽해지는 것이다.

나는 놀라움에 낚시대를 움켜잡고 온 힘을 다해 끌어 올렸다. 내 반팔만 한 잉어가 물렸다. 나는 오싹할 정도의 놀라움과 성취감을 안고, 벅찬 마음으로 뛰어서 집에 왔던 잊을 수 없는 경험이 있다. 취미로 낚시를 민물이나 바다에서 하는 사람들도 많이 있다. 마음의 힐

링과 스트레스 해소, 여가 선용 등에 매우 좋다고 본다.

소대 막사 가까이 도로 옆 암벽에 가끔 찾아와 갯바위 낚시를 하는 모습이 보였다. 어쩌다 보이는 광경이라 스쳤는데 하루는 궁금해서 다가갔다. 40대 정도로 보였고, 우선 입질은 잘 합니까 묻고는 한참 지켜봤다. 작은 우럭 몇 마리와 돌 돔이 올라왔다. 얼마 지나서 "저는 이 지역 소대장입니다. 여기는 작전 지역이라 계속할 수 없으니 철수하십시오"라 말했다. 울진종합고 국어선생님이라고 밝히면서 여기가 입질이 좋다며, 일요일 오전만 나하고 같이 낚시할 수 있으면 좋겠다고 제안한다.

낚시대도 없는 처지이니 됐다고 제안을 사실상 거절했다. 그러나 낚시는 소대장 허락 하에 하라고 하고는 몇 번을 살펴보았다. 나도 낚시를 좋아했던 한 사람으로 바다에서는 못해본 사실에 용기를 내었고, 국어선생님에게 6만원 주고 부탁하여 연결하는 4단짜리 낚시대와 릴을 구입했다. 갯지렁이는 선생님이 쓰다 남겨 놓고 가면 나는 그것으로 충분 했다.

이곳에는 봄철에 황어 낚시가 잘된다고 어촌계장이 귀띔을 주었다. 황어는 연어과 어종으로 동해 연안이나 동해안 강하구에서 미끼 낚시로 잡을 수 있다. 특히 백사장에서 파도가 1m 이상 정도 치면 낚시대를 고정시키고 방울소리를 듣고 잡을 수 있다. 바다고기는 민물고기와 달리 입질을 감질나게 안하고 덥석 물기 때문에 방울소리와 낚시대가 휘어지는 정도 혹은 손바닥 진동으로 알 수 있다.

20-30cm정도 크기로 힘이 세고 무거워서 미끼를 물면 릴을 풀어주었다가 감고를 통해 힘을 뺀 다음 건져 올려야 한 다. 그 과정이 힘 겨루는 싸움 같아서 흥미 진지하다. 무거운 낚시 추를 낚시대 끝에 감아 올리고 대를 뒤로 제친 후 던지면서 줄을 푸는 테크닉이 필요하고, 바다 멀리 던질 수 있다. 오전 한두시간 황어를 잡는 날은 병사들 점심 식기에 회 메뉴가 추가된다.


대대 주임상사는 가끔 예하 중. 소대에 애로사항, 건의사항 수렴 차 들리곤 한다. 내가 낚시를 끝내고 소대에 오니 대대 선임하사가 도착했다. 이런저런 이야기 후 추가된 회 메뉴에 점심을 잘 먹었다며 돌아갔다. 며칠 후 정작과장으로 부터 전화가 왔고, 요즘 낚시하냐고 확인을 해서 부인할 수 없었다.

다음날 단독 군장하고 대대본부로 오라는 것이다. 약간은 찜찜했는데 염려가 실상이 되었다. 점심으로 대대 선임하사에게 회를 제공한 것이 대대장에게 보고된 것이다. 반복되고 긴장된 업무와 책임감을 고려한다면, 나는 정도껏 재량이 필요한 부분이라 생각되는데, 상급부대에서 보는 관점은 상당한 차이가 있음을 알 수 있었다.

대대장이 염려하는 시각으로 매일 병사들 근무 실태를 본다면, 어떤 예하 14개 소대장을 믿고 잠을 잘 수 있겠는가 싶었다. 호출 명령에 따라 단독 군장을 하고 한참을 걸어 나가 버스를 타고 대대에 도착해서 정작과장실로 갔다. 오랜만이라며 반기는 듯 웃었지만 나는 그럴 수 없었다. 대대장이 정작과장을 통해 교육차원에서 부른 것이라고 말했다. 정작과장은 나를 충분히 이해한다는 듯한 말을 하면서 타준 커피 한 잔을 마시고 해지기 전에 소대로 복귀했다. 이후 낚시는 하지 않았고, 그 낚시대와 릴 장비는 그 후 10년 가까이 이삿짐을 따라다녔다.

# 무거운 견장을
# 내려 놓다

바닷바람은 차지만 마음은 봄으로 가는 해안이다. 멀리 수평선 위로 큰 배가 지나가고 있다. 둥근 해가 수평선에 걸치고, 갈매기가 날고 있는 그림 같은 광경을 매일 보고 사는 행운을 가진 한 사람이었다. 파도는 잔잔하고, 태양광이 바다에 비추어 유난스레 반짝이는 그날 아침은 한참을 서 있었다. 후임들이 곧 보병학교 교육을 마치고 온다니 만감이 교차한다. 나에게는 무척 길게만 느껴진 기간이었다. 처음 바다 냄새를 맡을 때 짜고 비린내 났던 기억이 지금은 만성이 되어 그냥 익숙한 향기 같다. 소문처럼 들리는 이야기는 특전사와 사단장 전속 부관으로 갈 가능성 있다는 것이다. 모두 나는 원하지 않은 곳이다. 보병으로서 중대장으로 이어질 수 있는 보직이었으면 좋겠다는 생각뿐이다. 어느 날 대대 교육장교를 하고 있는 동기생이 항공장교도 갈 수 있다고 했다.

병장도 말년에 몸 조심한다는 말이 있듯이, 나도 그런 맘을 내심 두고 있는 거 같다. 아니나 다를까. 정말로 한 달 후 전역할 박 병장에게 문제가 생겼다. 나는 소대 막사 앞에서 서성이는 아가씨에게 다가갔다. 여기 왜 왔느냐고 묻고 보니 말을 못하는 사람이다. 흙 바닥에 돌로 쓴 이름은 박 병장이었다. 심상치 않은 느낌이 들어 일단은 지금 여기 없다고 핑계를 대고 돌려보냈다. 돌이켜보면 세상사이며, 인간사인데, 여기에서 여자와의 관계는 발생 자체가 문제점을 내포하고 있다. 즉시 박 병장을 불러 사실 관계를 듣고는 내가 할 수 있는 빠른 조치가 필요했다. 우선 박 병장을 모든 근무에서 배제하고 막사를 이탈하지 않도록 했다. 그렇지 않으면 전역이 어렵다고 경고하고, 며칠 후 그 아가씨가 또 왔길래 만나 상황을 둘러댔다. 박 병장은 얼마전 사고를 쳐서 교도소로 갔고, 언제 나올지 모르니 잊어라 조언했다. 아예 종이와 볼펜을 들고 가서 적어주었다. 인계인수식을 하는 그 순간까지 안심할 수 없는 구조다. 나 역시 청춘인데, 푸른 견장을 이제는 내려놓고 싶었다.

특별한 사항이 없는 경우 한 달에 한 번은 나도 외박을 다녀왔다. 지휘권은 중사인 소대 선임하사에게 인계한다. 친구도 만나고 고향 집 친척집도 다녀왔다. 토요일 오후에 출발하면 서울 같은 경우 7-8시간 걸려 밤늦게 도착할 정도로 어느 방향이던 울진은 교통 오지이다. 대구 쪽으로 가려면 포항을 경유하는데, 꼭 거치는 곳이 있으니 해병대 검문소이다. 그날은 예상치 못한 일이 발생해서 외박 나가는 내 기분을 무척 상하게 하였다. 버스가 검문소 앞에 서고 일병 계급장을 단 해병 헌병이 올라왔다.

군복 차림으로 얌전히 앉아 있는 나를 보고서는 외출증을 보여달랜다. '나는 울진대대 7소초장이다. 지휘보고 후 외박 나간다. 증<sup>証</sup> 같은 거는 별도 없다' 라 밝혔는데도, 다짜고짜 버스에서 내리라는 것이다. 가끔 지나는 길목인데 오늘이 장날이 되었다. 뒤에는 휴가가는 대대 병사들 몇 명 있었다. 또 내리라 하길래 '너가 나가서 내가 누구인지 확인하라'고 재차 이야기했다. 점차 나는 이대로 지나갈 수 없다고 생각했다. 버스에 승객들은 우리의 상황을 어떤 시각으로 보고 있겠는가? 나는 결심을 실행했다.

이런 경우는 신속하게 처리해야 한다. 민폐가 되어서는 국민을 위한 군대가 아니다. 세 번째 내리라는 말을 듣는 동시에 내 군화발은 헌병 무릎 밑을 팍 차고 꼬꾸라지게 했다. 헌병 혁대를 잡고 끌고 버스를 내려왔다. 버스 기사에게는 잠시만 기다려달라 해놓고서 헌병초소로 갔다. 헌병 중위가 앉아 있길래 "이 근무자가 민폐를 너무 많이 주길래 교육 좀 시켰다"고 말하고, 다시 한번 나의 소속을 밝히고, 기다리던 버스를 타고 떠났다. 해병 헌병은 나름 근무자지만, 타군 장교를 대하는 태도와 민간인 앞에서 망신주는 일은 도저히 묵과할 수 없다는 당시 입장은 변함없다. 그 일로 연락 받은 내용은 없었다. 그때만 해도 해병들이 타 군을 대상으로 한 배타적 사건, 사례가 빈번했던 시기였다. 푸른 견장을 내려 놓고는 꼭 외출증을 발행 소지하고 다녔다.

나는 소대장 임기를 마치게 되었다. 후배에게 소대장을 인계하면서 만감을 경험했다. 소대원들의 손을 잡은 나는 눈시울을 붉히며 고맙고 뿌듯했다. 별 탈 없이 기간을 보낸 것만으로 나는 스스로 위로를 보냈다. 측방 교류 계획으로 나는 전주 향토사단으로 이동했다. 전주 덕진동에 하숙집을 정하고 호사스러운 출퇴근을 했다. 향토사단 특성이 있어서 대대장을 비롯한 부대 분위기에 적응이 쉽지 않았다. 특히 대대장은 자기 마음에 안 들면 표현하기 힘들 정도로 쌍욕을 입에 담고 지냈다. 이를 어찌 감당하고 생활해야 할지 혼란스러웠다. 더욱이 얼마 전까지만 해도 소부대 지휘를 해본 입장에서 견지한 이 부대의 분위기는 한순간도 있고 싶지 않다는 게 결론이었다.

담 넘어 전주 비행장이 위치한 활주로에서 종종 경비행기가 소리가 들렸다. 점심 시간에 쪽문을 이용해 관제탑 구경을 갔다. 그곳에서 비행복을 입고 쉬고 있는 한 해 선배를 만났다.

예전에 동기생이 항공장교 이야기를 해서 조금은 알고 있었지만, 이렇게 비행장에서 항공장교까지 만나고 보니 갈증을 해소할 샘물을 찾은 듯했다. 지체 없이 나는 전우신문 공고를 보고 개인적으로 지원서를 육군본부로 우송했다. 항공장교는 부대 지휘관 허가여부 관계

없이 지원이 가능하도록 제도화되어 있다. 새벽 전주역을 출발하는 새벽 열차를 타고 서울 삼각지 육군본부에서 필기시험, 신체검사, 면접을 완료했다. 대대장이 월요일 아침회의가 시작하자 특정 대상 없이 또 쌍욕을 내뱉는다. 한 달 후 보안사요원이 다녀갔다. 봄이 완연한 5월 어느 일요일, 전주역 인근 한식집에서 전주비빔밥을 맛나게 비벼 먹고, 상행선 기차에 올라 조치원 육군항공학교로 향했다.

졸업 및 임관식 후 친지들과 함께

3부

# 비행의 날개를
# 펴다

# 창공을 벅차게
# 날아올라

1983년 5월 어느 일요일 오후 조치원역에 도착했다. 기차에서 내려 건널목을 건너야 하는 곳이다. 더블백을 둘러매고 타르 냄새가 짙게 나는 철길을 건넜다. 옛 일제시대를 배경으로 한 영화 속에서나 봤던 역청사를 나와 광장에 섰다. 항공학교를 어떻게 가야 할지도 물어보고, 배가 고파 요기를 해야 할 거 같았다. 눈에 띄는 상호가 한식 식당이다. 백반을 시켜놓고 항공학교 가는 차편을 물으니 가까워서 택시 이용이 여러모로 나을 거라고 말한다. 밥상을 마주한 나는 잠시 숟가락 들기를 멈췄다.

보기 좋은 떡이 먹기도 좋다는 게 일반적이라면, 아닌 듯한 느낌이 먼저 들었다. 전주에서 보던 상차림과는 확연한 차이가 난다. 일단 숟가락을 들고 국을 입에 대고 보니 내 예상이 크게 빗나가지 않았다. 맛나고 깔끔한 밥상을 대하며 전주가 갑자기 회상되었다. 하숙집 등 어느 음식점에서도 실망시키지 않았던 밥맛이 오늘 왜 이럴까?

한편 새로운 환경에 들어가는 긴장한 마음이 밥맛을 없게 하는가 싶기도 했다. 택시를 타고 항공학교 정문으로 가면서 전주에서 만난 항공장교 선배가 이야기해준 것이 떠오른다.

하나는 항공학교 정문을 들어가면서 쓸개, 간 다 빼놓아야 되고, 또 하나는 교육 중 퇴교시에는 원 부대로 복귀하니 절대 명심해야 함이다. 내가 지금껏 누렸던 장교 자존심은 정문을 통과하는 순간 버려야 한다. 도대체 어떤 일들이 닥칠지 흥분과 긴장이 교차하고 있었다.

1982년 개봉된 영화 '사관과 신사An Officer and a Gentleman'는 해군조종장교 후보생이 엄격한 훈련을 거치며 사랑과 성장을 경험하는 이야기다. 항공장교 응시과정에서 이 영화를 감명 깊게 보았다. 주인공 잭 메이요리처드 기어는 방황하는 거친 청년이었지만, 훈련 과정을 거치며 성숙한 인간미와 책임감 있는 장교로 태어난다.

누구에게나 삶의 영향을 준 귀한 사람이나 대상을 여러 곳에서 만난다. 스승에게서, 책속에서, 고전에서, 상사에게서, 선배나 친구에게서, 성직자에게서, 평범한 삶속에서 등 시대와 환경에 따라 대상은 다르지만, 나는 당시 영화 한 편이 던지는 메세지를 통해 세상을 많이 바라볼 수밖에 없었다.

자존심은 잠시 내려 놓고, 내가 생각한 목표를 향하고 있었다. 갈

길은 멀지만 하늘을 나르는 벅찬 희망을 가득 안고 항공학교 정문을 들어섰다.

고정익 조종 92기인 우리 기수는 빨간 모자를 썼다. 헬리콥터 기수들이 앞뒤로 있었는데, 비행기 과정을 구분한 것 같다. 대한민국 육군항공은 역사가 오래되었다. 최초 미군정 하에 1948년 11월 국방경비대 육군항공사령부로 시작하여, 이듬해 1949년 10월 공군이 독립하였고, 이러한 과정에서 계보를 이어 1983년에 입교한 우리 조종기수가 92기이다. 해군 3명이 함께 입교하였고, 교육 중에는 반쪽 날개를 비행복 가슴에 붙이고 햇병아리 표시를 하고 지냈다. 기본 비행훈련을 위한 지상에서 기초 교육을 진행하기 전에 처음으로 교육생을 비행기 뒷좌석에 태워 공중에서 반응을 관찰하는 오리엔테이션 비행을 했다.

꿍음을 내면서 달리던 활주로에서 뒷바퀴가 뜨면서 난생처음 하늘 높이 내 몸이 올라갔다. 심장이 붕 뜨는 짜릿한 기분은 놀이기구의 그것과는 또 다른 신비의 세상을 볼 수 있었다.

하늘에서 보는 아래 풍광이 취해 있을 때 교관이 갑자기 항공학교 활주로가 어디 있냐고 묻는다. 공중에 올라오니 참조할 방법을 모르니 방향감도 없다. 헬멧 이어폰으로 약하게 들리는 교관의 목소리는 좋은 소리가 아니었다.

교관 1명당 학생 3명을 담당하여 단독 비행까지 진행하였다. 지금부터 교관과 학생은 피 말리는 비행과정으로 들어간다. 학생들은 나무로 만든 30cm 둥글게 깎은 막대를 준비한다.

지상훈련시는 땅을 짚고, 오른손으로 잡아 좌우 전후로 움직여서 가상의 비행을 하는 일종의 조종간이다. 공중에서 또는 지상에서 때로는 정신봉으로 변신한다. 또 비행 훈련이 들어가기 전부터 해야 할 과제가 있었는데, 보기에도 복잡했던 조종실 계기판을 컴퍼스와 작도기를 이용하여 상세하게 그리는 작업이며, 비행기 모형은 나무 조각도를 사용하여 만드는 것이다.

일과 후에 학생들은 모두 이 작업에 매달렸다. 그것은 전통으로 내려오는 과정인 것이다. 잘 그려야 하고, 이륙할 거 같은 모형 비행기를 정밀하게 해서 교관의 만족감을 얻어야 했다.

지루하게 인내를 요하는 과정은 휴일 외출이 금지된 상태에서 이루어졌다. 영내에서 먹는 삼식은 체력의 한계를 위태롭게 하였다. 영양 보충을 위해 삶은 통닭으로 매주 보충했다. 정문 앞에는 우리의 간절함을 잘 이해하는 공주 통닭 집이 있다. 콜라 한 병과 함께 먹는 통닭 반 마리는 세상에 없는 에너지가 되었다. 날개를 먹으면 비행을 잘 한다는 속설을 믿고 서로 챙기려고 했다.

나무로 깎아서 만든 조종간은 항상 비행 헬멧과 챙겨서 지참을 해야 한다. 단독 비행을 위한 준비와 과정은 빈틈없는 자세를 요구한다. Bird Dog$^{O-1A}$는 내가 비행한 최초의 항공기이다. 일반적으로 주바퀴가 뒤에 있는 Nose 타입인데, 이 비행기는 반대로 Tail 타입이다.

그래서 착륙시 활주로 중앙을 따라 방향을 유지하는 것이 학생들에게는 어려운 비행기다. 이런 이유로 착륙시 활주로를 이탈하는 사고가 종종 발생한다. 교관들은 한치의 방심이 없도록 교육해야 하니 신경이 매우 날카로울 수밖에 없다. 매일 나무 조종간은 정正자가 늘어만 간다.


나무로 만든 조종간에 교관으로부터 지적 받고 맞은 대 수만큼 정正를 나무에 칼로 새겼다. 공중에 올라가 기동 훈련을 할 때 교관들은 세상에 없는 악마로 변한다. 전후방 좌석으로 되어 있는 O-1A 기이다. 비행 훈련 시 후방석에 교관이 앉아 전방석에 있는 학생을 볼 수가 없는 구조이기 때문에 둘만이 사용하는 헤드폰으로 입에 담지 못할 언어를 사용하기도 한다.

후방석에 항상 두고 있는 나무 조종간은 순식간에 내 헬멧에 충격으로 날아온다. 헬멧에 부착된 빛 가림 고글 $^{goggles}$ 은 성할 날이 없다. 교대를 하고 내려온 학생들은 전부 격납고 뒤쪽 화장실로 모여서 심각한 표정으로 서로를 위로하며 담배를 수없이 피워야 했다.

마지막 학생이 비행을 마치고 계류장으로 들어오면 날개 밑에서 1차 브리핑을 한 교관은 경계의 눈초리로 날개 지지대를 잡도록 하고 정신봉을 사용한다. 잘하고 있는 비행 조작은 잊지 말라는 뜻이다. 학과장에 들어와 2차 조별 브리핑을 한다. 교관은 천하에 없는 젠틀맨으로 변한다. 이제서야 학생들은 마음을 내려놓고 교관의 이야기를 받아 적으며, 실수하지 않고, 잘 해야지 다짐하고, 저녁엔 부족한 점을 분석하고, 정리를 잘해서 비행일지에 남겨둔다. 학생들은 스트레스가 심해서 동료들은 서로 위로를 해줬다. 휴일에는 PX에서 캡틴 큐라는 200ml정도의 알코올 도수가 높은 유사 양주를 몇 병 구입하고 옥상에 둘러 앉아 작은 뚜껑을 잔으로 비우며 기분 전환를 했다.

이런 이유로 결국 나는 담배를 피우는 횟수가 많이 늘어난 듯하다. 결국 숙소로 쓰는 내무반에서 흡연을 하다가 조종학생을 지도하는 장교 중대장에게 발각되어, 비 오는 날 연병장을 몇 바퀴 뛰는 얼차려를 받기도 했다.

# 졸음 사건이
# 만든 별명

단독비행은 말 그대로 혼자서 비행기를 조종하여 이륙하고 착륙을 시켜야 한다. 한 달여 동안 과정을 참고 열심히 노력해서 단독비행 날짜가 다가왔다. 교관들은 다른 학생들을 상호 평가해서 단독비행 가능 여부에 대한 의견을 나눈다. 우리 기수는 총 17명이 입교하여 단독비행 전 평가에서 4명이 탈락하고 13명이 통과했다.

담당 교관들은 단독비행 하는 날 초조한 마음에 쪼그리고 앉아서 풀을 뜯고 있는 모습도 보였다. 이제부터는 외출과 외박이 가능하니 한 시름 놓게 되었다. 일단은 원 부대 복귀는 미루어졌다는 것이다.

내가 힘들었던 것은, 소대장을 성공적으로 마친 내 자존심이 여기에서는 물거품이고, 장교로서 받은 비하적인 언행을 견디기가 쉽지 않았다. 항공학교 정문을 들어올 때 다짐을 곱씹으며 지냈다.

전술 편대훈련이 끝나면 반쪽날개를 떼고 주황색 마후라를 목에 걸고 졸업을 할 것이다. 한시라도 소홀히 할 수 없는 학과와 비행은 계속되었다. 고정익 학과장은 고참 소령이었다. 학과장은 여러 교관들을 압도하는 분위기를 만들고 있었다. 브리핑을 위해 학과장에 도착하면 항시 그러한 흐름을 받았다.

어떤 날은 브리핑실에 도착하면 한 교관이 얼차려 분위기를 잡고 정신교육이라는 명목으로 낙하산을 매고 활주로 구보를 시키기도 한다. 기수마다 차이점이 있겠지만, 우리 기수는 항상 제일 형편없는 구성원들이 모였다라는 수식어가 따라붙었다. 나중에 알게 되었는데 교관들이 트집을 잡는 방법 중 하나였다.

점심 후 오후에 학과장 교육이 있다고 해서 집합했다. 의자에서 등을 땐 상태로 두 손을 바르게 양 무릎에 가지런히 놓고 자리에 앉은 자세로 학과장의 교육을 받고 있었다. 늘 듣던 이야기에 일련의 정신교육 자리이다 보니 점심 후라 매우 졸렸다. 눈을 부릅뜨고 무릎을 꼬집기도 해 봤다.

그때 큰 소리가 들리면서 내 이름이 불렸다. 벌떡 자리에서 일어나 앞으로 나아가 지시대로 엎드렸다. 엄중한 시간에 졸았다는 것이 큰 죄가 되었던 것이다.

조종간으로 만든 정신봉이 전 학생과 교관들 앞에서 내 두툼한

엉덩이를 향해 맹렬히 불을 뿜었다. 세상에 태어나 그렇게 맞아 본적은 기억이 나지 않는다.

조종복이 내 몸에 쩍 달라붙어 버렸다. 그 사건이 나고 "잠 성"이라는 별명을 얻었다. 그날 내가 큰 역할을 했는지 40년이 지난 지금도 조종 동기들은 그 사건을 기억하고 있다.

그해 11월 약 6개월 조종교육을 무사히 마치고 졸업식을 했다. 완전한 조종사 날개를 왼쪽 가슴에 달고, 또 새로운 출발선 앞에 섰다. 안전 비행이라는 모토를 마음에 새기고, 오랫동안 비행하는 사람이 비행을 제일 잘 하는 조종사라고 하는 학교장의 훈시를 항시 마음에 담고 다녔다. 졸업식이 끝나고 학과장으로 내려가 여러 교관들에게 감사의 마음을 전하고 나왔다. 지난 항공학교 교육기간은 내가 비행하는 동안 어떤 측면이라도 지대한 영향을 준 것은 부인할 수 없다. 졸업 시기에는 육군항공에 수송기가 들어올 거라는 이야기를 들었다. 예전 항공장교를 추천하던 동기생도 이야기를 한 적 있다.

그 배경은, 1982년 제주도로 전두환 대통령 경호 임무를 위해 특전사 1개 대대가 공군 C123수송기에 탑승하여 제주공항에 접근 중 악천후로 한라산 중턱에 추락하여 53명이 순직하는 사건이 있었다. 이후 국방부 정책은 육군항공에 스페인 CASA사의 CN235를 도입을 진행중이었다. 그간 육군항공은 고공강하와 특수<sup>特殊</sup>전 임무 등을 수행하는 U-6 비버를 운영하고 있었다. 최신 항법 장비를 갖춘 CN235수송기는 소음이 적고, 짧은 활주로에서 이착륙이 가능하여 육군 특수전임무에 특화된 비행기라는 것이 선정된 이유였다. 우리는 앞으로 수송기를 조종할 수 있다는 희망을 안고 각자 전방 항공부대로 떠났다. 조종사가 되어 처음 부임한 곳은 양주에 있는 보병25사단 항공대였다.

# 아쉬운 상급자의
# 덕목

25사단 사령부에 울타리내에 위치한 항공대는 짧은 활주 로를 갖추고 있었다. 바닥은 아스팔트가 아니라, 고무로 만든 천을 평탄작업을 한곳에 덮어 씌운 야전 활주로인 셈이다. 길이는 500m정도로 단거리 이착륙만 가능하고, 주변에는 미루나무 등 장애물로 인해서 상승률을 많이 높여야 한다.

야전에서 첫 단독비행을 앞두고도 꽤나 많은 긴장이 된다. 이륙을 하면 착륙을 위한 접근각이 항공학교와는 다르기 때문에 부대 지휘관은 초임 조종사에게 수차례 복행 조작을 반복하도록 숙달 시킨 후에 착륙하도록 한다.


진전된 CN235도입 소식은 없고, 육군 조종사 몇명이 김해에 있는 공군부대에서 수송기 운용에 관련해서 훈련을 받고 있다는 풍문

만 돌아다녔다. 고등군사반에 입교하라는 육군본부로부터 명을 받고
또 짐을 싸야 했다. 짧은 기간이지만 조종사 첫 부임지에서 지낸 성
숙한 마음가짐으로 변화를 기대했다. 부대 제일 하급 장교로서 맡았
던 행정 업무를 마무리하고 지휘관에게 보고를 해야 했다.

　　전출 하루 전날 나는 부대일지와 운영자금을 결산 서류 등을 완
벽하게 준비하여 지휘관 책상에 올려놓고 구두로 설명했다. 지휘관
은 도중에 화를 내며 책상에 있는 서류들을 집어 던졌다. 결재 중간
단계를 통해 확인하고 크게 어긋날 것이 없는데, 다짜고짜 취하는 이
행동을 어떻게 대해야 할 지 몰랐다.

　　부대 운영자금은 당시 10만원도 채 안 되는 자금으로 부대 비품
구입 등 지휘관 지시에 의해 지출한 내용이기 때문에 의심의 여지가
없는 빠듯한 살림이었다. 그렇다면 문제점을 말하고 수정을 지시하
는 것이 그의 일인데 왜 그랬을까? 아직도 미스터리한 부분이다.

　　다음날 오전 사단 사령부에 올라가 참모장에게 전출 신고를 했
고, 항공부대 지휘관에게는 인사 조차 하지 않고 나왔다. 나는 전날에
신고를 호되게 마친 것으로 대신했다. 약 1년 후 고등군사반을 마치
고 포천 6군단 항공대로 배치를 되었다. 어느 날 육군본부에서 걸려
온 전화를 받았다. 어디서 많이 들어본 억양의 목소리였고, 잘 지내

느냐 등 몇 마디 오가고 회전익 전환을 우선 보내주겠다는 이야기를 해주었다.


1980년 중반이 이르러 육군의 고정익 비행기는 서서히 공격헬기와 다목적 기동헬기 운영개념으로 교체되고 있었다. 나는 고정익 비행기 자격만 있어서, 헬리콥터 작전운영이 많은 한미연합훈련이 있을 때는 참가하지 않고 잔류부대 인원을 관리하였다. 훈련 기간에는 미군 C130 수송기가 전 술 착륙 훈련을 하는 포천 육군 비행장에서 근무했다. 내가 탈 비행기가 없는 곳에 배치되니 잡일이나 수행하는 그라운드 조종사가 되어 있었다. 헬기가 제자리에서 좌우, 앞뒤, 회전, 상승강하로 비행하는 보니 내 처지에서는 한편 부러워했던 적도 있었다.

당시 6개월간 내가 하는 일이 부대장 행정 업무를 맡게 되었다. 고참 중령이지만, 그의 행동은 장군같이 행세하며 나를 수행 부관처럼 활용하고 있었다. 심지어는 본인을 위해 나에게 1백만 원을 대출받도록 방법까지 알려주었고, 이후 매달 푼돈으로 돌려받았다. 가끔 내가 탔던 공군에서 운영 한 전술통제기가 활주로를 Touch and Go를 하면서 다녀간 후 여운은 오래 남아 있기도 했다.


회전익전환과정에 들어가면서 예전 고정익 교육을 같이 받고 전

후방으로 흩어져 있던 동기들이 항공학교에 다시 모였다. 새로운 도전 앞에서 정신봉의 기억이 있을 만도 한데, 얼굴에는 찾아볼 수 없이 여유가 있어 보인다. 6개월간 OH-23, MD500, UH-1H훈련과 계기 비행 과정을 병행하여 마쳤다. 계기 비행 훈련 중에는 오산, 평택, 군산 비행장 등 미군 기지를 다니며 다양한 운항 경험을 쌓았다. 나는 새롭게 무장된 비행 자산을 안고 또다시 전방으로 향했다.

원주를 지나 눈 내리는 강원도 깊은 산속을 달리는 버스는 가파른 고개를 몇 번을 넘나드니 마지막 고개 정상에서 춘천으로 내리달렸다. 소양강과 춘천을 감싸고 흐르는 북한강을 막아 중도라는 섬을 탄생시킨 의암호는 춘천을 아름다운 호반의 도시로 만들었다. 이런 멋진 곳에서 근무 기회가 내 인생에 배필을 만나게 된 행운의 도시가 되었다.


능력 있는 상급자를 만나 능력을 발휘하는 기회가 생기고, 인정을 받아 승진하는 환경은 자연스러운 조직이다. 우선은 상급 지휘관에게 어떤 식이든지 인정을 받는 방법을 터득하는 것이 진출의 지름길이다. 나에게 춘천 근무 간 업무적으로 발전을 시켜준 당시 지휘관은 육군항공학교 교수부장으로 영전하였다.

# 장군산 전차병들의
# 기적의 생환

새롭게 맞이한 지휘관 역시 중령 고참으로 대개 승진을 목표로 군단 항공대장으로 왔다. 우리 부대는 영관 및 위관 장교들 대부분이 그 계급에서 승진 대상자들이 많았다. 나 같은 경우는 업무 역량과 크게 관계없이 고참들 틈에서 들러리 수준으로 지낼 수밖에 없는 상황이었다.

부대 교육훈련을 담당하고 있던 나는 공격헬기 공중 사격 계획을 준비하면서 차상급부대인 군단장에게 보고 자료를 만들었다. 주요 내용은 군단항공대와 3개 사단항공대의 공격헬기를 주력으로 하고 군단 직할 전차대대와 공지합동사격 훈련으로 보고 준비하였다. 물론 각 부대와 사전 협조와 회의를 통해 조율을 해왔다.

나의 구상은 각 부대가 분기별 임의적 사격을 하는 것 보다 전차

부대와 통합사격을 함으로써 전장의 효과를 더 극대화하는 것과 동시에 군단장 주관으로 행사를 확대하는 것이었다. 요약 보고서를 포함해서 항공대장에게 군단장 보고자료를 건넸고, 결제를 받았다. 우리나라 88'올림픽이 끝난 11월 초순 어느 날, 화천에 위치한 장군<sup>將軍</sup>산<sup>山</sup> 사격 장에서 오전 11시 헬기로 군단장이 사격 통제소에 도착하면서 공지합동사격훈련이 시작되었다.

내가 통제하는 이 시나리오는, 지상 전차들이 이동하고 공중에서 공격헬기가 엄호하는 가운데, 공격헬기는 1차로 원거리 표적을 2.75인치 로켓 연속 발사로 제압한 후 전진 기동하면서 발칸 건을 이용해 전차 기동을 보장하게 되면, 이어 지상 전차부대들이 포신에 불을 뿜게 했다.

군단장이 돌아가고 공격헬기 사격은 계속되었다. 오전 사격을 마친 후 오후 사격을 준비하고 있는데 장군산에서 산불이 발생하였다. 정확한 발화 원인은 알 수 없으나, 항공기와 전차 사격으로 인한 가능성은 다분해 보였다. 때는 건조한 날씨가 계속되고 크고 전국에 작은 산불이 많아 지자체장들이 곤욕을 치르고 있을 때이다. 빨간 모자를 쓴 산불 감시원 한 명이 내가 있는 곳으로 다가왔다.

그는 어느 부대이냐고 묻고 대책을 요구했다. 나는 즉시 같은 기지에 주둔하는 기동헬기부대에 산불 진화를 요청했고, 산 아래에 대기하고 있는 전차부대에게 가용 병력을 이용해서 산불 진화가 필요하다고 알렸다. 옆에 있던 군단항공대장은 항공 잠바에 붙어 있는 탈부착 가능한 부대 마크를 떼어 그것을 호주머니 넣는 모습을 보았다. 사격이 끝난 헬기를 통제소 옆 헬기장으로 이동시켜 눈치 끝에 항공대장을 내려가게 했다. 내가 입은 항공 잠바에는 부대마크가 그대로 붙어 있었다.

시간이 지나 산불은 기동헬기와 지상부대 투입으로 진화가 되었다. 오후에는 2회 사격 탄약이 남아 있었다. 나는 지상 전차부대에게 무전기로 산불 진화병력이 다 내려왔냐고 물어보니 응답 자체가 없었다. 쌍안경으로 산불 났던 곳과 인근지역을 살펴봐도 움직임이 전혀 없음을 확인하고 사격을 재기하기로 하였다. 사전 합동 회의를 통해 이러한 계획은 전차부대와 공유하고 있었다. 항공기 무장 지역인 화천 비행장으로 무전을 보내 TOT<sup>목표타격시간</sup>을 보냈다.

침투비행으로 계곡으로 접근하는 공격헬기 1번기는 목표를 향해 2.75인치 라켓 발사하고, 후속하는 2번기는 발칸 건을 요란하게 퍼부었다. 공격헬기가 임무를 마치고 사격장 지역을 빠져나갈 무렵 아래쪽에서 손을 좌우로 흔드는 몇 사람을 보게 되었다. 메아리로 들려오는 소리에 내 귀를 의심하며 자세히 귀담아 들어봤다.

이게 무슨 소리인가? 산불 진화하러 올라갔던 병사들이 내려오지 않았다고 한다. 무전기도 꺼놓고 통신을 할 수 없던 이유가 있었던 거 같다. 동시에 내 머리속이 하얗게 변하여 무뇌가 되어 버리는 순간을 느꼈다. 나는 옆에 있는 선입장교에게 사실을 이야기하고 산중턱 사격통제소에서 전차부대까지 한걸음으로 달려 내려갔다.

사실을 확인 후 무전 주파수를 맞추고 다시 올라오니, 앰뷸런스와 차량이 위쪽으로 이동하는 것이 쌍안경에 들어왔다. 열한 명이 산불 진화 차 투입되었다고 하는데, 그 곳에 수십 발의 라켓이 발사되었고, 수백 발의 발칸을 쏴 버렸다는 사실에 나는 망연자실한 상태였다. 그 충격을 어떻게 설명할 수 없다. 사상자를 찾기 시작한 시간은 10여분이 지났는데 발견 소식은 없다. 피를 말리는 시간이다.

잠시 후 무전이 날라와 3명 생존자를 발견했단다. 안심할 사이도 없이 또 긴장과 두려움은 지속된다. 얼마 지나 5명의 생존자를 찾았다고 연락이 왔다. 계속 서서 현장 쪽을 바라보기가 무척 힘들어서 쪼그리고 앉아 무전 오기를 기다렸다. 나머지 3명이 어떻게 되었을지, 기다리는 그 순간이 두렵고 너무 고통스러웠다. 마지막 3명의 소식도 생존이었다.

아! 이런 일이, 세상에 모든 신이 존경스럽고 감사할 뿐이다. 산불진화를 마친 병사 11명은 그 주변 나무 밑에 흩어져 낮잠을 자고 있다가 포탄 떨어지는 소리에 혼비백산하여 바위 등 엄폐물에 숨어서 사격이 끝나기를 기다렸다는 것이다.

나는 이 사실을 항공대장에게 보고할 필요도 없었고, 옆에 있었던 선임장교도 모른 척하기로 했다. 그날 저녁 선임장교를 비롯해 참가한 부대원들과 내가 마련한 술자리에서 지나가는 이야기처럼 흘렸고, 만취하도록 늦은 시간을 보냈다.

# 재떨이 투척 사건으로
# 미룬 항공사

　2군단 항공부대에는 공격헬기를 주로 운영하지만, 사단에서 운영하던 고정익 비행기 O-1A 3기를 이동 배치시켰다. 나에게는 행운의 시간이 온 것이다. 공격 및 기동헬기를 조종할 수 있는 자격을 보유하고 있지만, 고정익을 조종할 대상자가 없기 때문에 나의 전유물이 되었다.

　혼자서 조종하는 단좌 비행기라 일단 이륙하면 철책 넘어 전방에 적의 이동 등을 감시하는 임무를 수행했다. 날씨가 좋은 날, 비행금지선을 넘지 않도록 육안으로 확인하며 3,000~5,000피트 상공을 비행했다. 동해 끝단에서 서해 한강 하구에 이르기까지, 약 155마일에 걸친 휴전선을 오가며 비행을 이어갔다. 휴전선을 최근접 비행하는 비행기라서 남향 산경사면에 식별 용이하도록 설치된 비행금지 표시인 오렌지판을 잘 유지해야 한다.

어느 날 전문 한 통이 내 책상 위에 놓였다. 발신 육군본부, 수신 항공 참모, 제목 대한항공 조종사 모집 협조라는 노란색의 팩스 종이다. 전문은 좀더 빠르게 수신을 요구할 때 쓰는 방법이라 보면 항공사 측에서 육군본부에 많은 협조를 요구한 모양이다. 사실 88올림픽을 치른 대한민국은 경제 성장이 급속도로 빠르게 진행되어 항공사도 체질 개선 등이 필요했다. 아시아나항공이 출발하는 과정에서 대한항공의 조종사가 더욱 필요한 상황이고, 훈련이 되어 있는 군 출신 조종사가 필요 했던 것이다.

미혼인 나는 망설일 이유가 없는 입장이다. 40세 이하, 비행기 조종경력 500시간 이상 인자, 조종면허가 없어도 입사 후 취득 지원 등 나를 위한 특별히 보내준 전문이다라는 생각이 들 정도였다. 나는 큰마음 먹고 평소처럼 결재판을 들고 항공대장 집무실로 들어갔다. 내용을 설명하고 지휘관의 허락을 정중하게 건의했다.

듣는 순간 큰소리로 역정을 내더니 책상위에 놓인 크리스탈 담배 재떨이는 내 앞을 스치며 바닥에 와장창 소리를 내며 산산조각이 났다. 어처구니없는 상황을 또 겪게 될 줄은 몰랐고, 이게 무슨 일인가 싶었다.

나는 모든 격식을 뒤로하고 집무실 문을 분위기에 맞춰서 충격을 주고 나왔다. 밖에 있던 다른 장교들은 나를 보고는 자기들도 어쩔 줄 모르는 모양새이다. 나는 그 길로 부대를 나왔다.

하숙집에 들러 가볍게 짐을 싸서 기약 없는 길을 떠났다. 내 자존 감이 한계에 도달한 느낌을 받으니 모든 게 싫다. 어디로 갈 지 모르는 방향이지만, 차가 있어야 이리저리 헤매는 길이라도 편할 거 같다. 동쪽으로 가자는 생각이 먼저 들었다.

험준한 산과 고개가 있고 넓은 바다가 있는 그곳으로 핸들을 돌렸다. 홍천 인제를 지나 한계령 정상 휴게소에 오르니 넓고 탁 트인 바다가 반기는데, 계곡을 타고 올라온 세찬 이른 봄바람이 내 가슴에 구멍을 뚫는다. 큰소리로 토하고 픈 무슨 말들이 입안에서만 돌고 있었다. 한계령을 가파르게 내려와 핸들은 울진으로 향했다.


우여곡절이 많았던 곳이지만 나의 자존감을 일깨워준 장소다. 귀소본능이 이런 것이라는 생각이 들었다. 얼추 7년이 지나 찾은 동해 바다에는 별반 다름이 없어 그대로인데, 나만이 시간의 흔적을 찾고 있었다. 바닷가로 도로가 확장되고 해안초소는 흔적을 찾을 수 없다.

내려온 길에 고향에 들러 부모님을 뵙고서 춘천 하숙집에 며칠 지나 돌아왔다. 하숙집 아주머니는 걱정스럽게 처다보면서 부대에서 몇 번이나 연락이 왔었다고 알려 주었다.

월요일 아침 출근하면서 별도 보고 없이 회의 책상에 앉았다. 동료 장교들은 우려하는 얼굴로 말을 건네면서 나를 쳐다 봤다. 평소처럼 회의는 진행되고 지휘관은 별 언급이 없었다. 며칠간 보고 없이 부대 이탈했으니 탈영한 것이다. 무장 탈영이 아니었기에 부대원들은 그나마 다행으로 생각하고 있을 것 같았다.

오후 퇴근 시간이 가까워 올 때 군수장교를 하고 있는 유일한 동기생이 내 사무실로 와서는 "지휘관이 퇴근할 때 우리 둘이 지프에 같이 타라고 한다"고 전달했다. 분위기는 약간 알아차렸는데, 항공대장의 의도는 모르니까 일단 따라보자는 생각이었고, 그럴 수밖에는 없었다. 부대 회식 차 가끔 들리는 한식집으로 갔다.


말없이 마주앉아 소주를 따르고는 하는 말이 '잘 놀다 왔냐' 였다. 전형적인 비하와 비아냥으로 처리하려는 의도가 엿 보인다. 본인에겐 별일 아니고, 부대 이탈한 나에게 상황을 전도시키려는 자리인 것이었다.

더 이상 듣기 싫어서 "죄송합니다"란 말로 저지시키고, 폭탄주를 만들어 돌렸다. 그날 계급과 직급이 곧 인격으로 승화되어 있는 조직 문화 속에 있다는 사실을 다시한번 확인하였고, 길들여진 조직은 내가 있을 곳이 아니었다.

# 전쟁 역사와 함께한
# Birddog 항공기

항공사 근무 중 작은 아들이 대학 다닐 때이니까, 십몇 년이 지났다. 베트남 호치민 [구. 사이공] 비행 스케줄이 있어 마침 방학인 아들을 대동했다. 여유 있게 하루는 시내를 볼 수 있었다. 인력거를 타고 큰 물결이 흐르듯 오토바이 행렬에 끼어 아슬아슬하게 이동한 첫 코스는 베트남의 역사를 한눈에 볼 수 있는 전쟁 역사박물관으로 갔다.

외부 전시물 중 내 눈에 확 들어오는 비행기가 있었으니 Bird dog [0-1F] 였다. 월남전 당시 미국 공군이 운영하던 정찰기이다. O-1A/D는 한국 육군이 월남전 참전 시 운영했다. 정찰 및 감시와 포병 화력을 유도를 위한 공중 포병 관측소 역할도 하였으며, 2.75인치 로켓을 양쪽 날개에 2발씩 4발을 장착하고 국지전 공격 임무도 수행했다.

Birddog는 사냥개처럼 표적을 찾고, 따라붙고, 끝까지 지켜보는 역할을 수행하는 비행기로서 전장에서 지상군의 눈과 귀가 되고, 때로는 목숨을 건 전령이었다. 미군은 1950년부터 1970년 월남전이 한창일때까지 운영하였고, 대한민국 육군과 공군은 월남전 종전 이후에도 오랫동안 활용하였으며, 육군은 1990년 봄에 완전히 폐기 조치하였다. 나는 육군항공학교에 마지막 고정익 세대로 입교하여 Birddog$^{O-1A}$를 폐기 전까지 조종하였으며, 그해 봄 육군본부 명에 의거 항공학교 교관요원으로 전출 갔다.

# 운명처럼 다가온
# 금강화

88'올림픽을 치른 그해 겨울에 할아버지께서 운명을 하셨다. 어린 나에게는 유독 많은 관심을 주시면서 자주 손잡고 다니셨고, 정신적인 지도를 해주셨던 분이셨다. 대구 유학을 적극 추진하셨고, 농사에 바쁘신 아버지를 대신해서 학교 입학 및 졸업을 봐주셨다. 사회활동과 종친행사에 적극적으로 참여하신 한학자요, 신세대 어른이셨다. 얼마전 마지막으로 상주 병원에 계시는 모습을 찾아뵈었는데, 부고 전보가 날라왔다.

장례를 치르고 춘천으로 올라오면서 여러 생각이 혼재하고 있었다. 내 나이 29살, 이렇게 살아도 되는 건지 자신에게 묻기도 하고, 한편으로 일찍부터 객지 생활을 하다 보니 결혼이 늦으면 부모님께 불효하는 일이다라는 생각에 이르렀다. 목표를 정하지 않으면 내 혼사도 차일피일 할 거 같은 예감이 들었다. 일요일 늦게 도착한 춘천 카페에서 춘천 MBC 방송국 행사 지원 관계로 만났던 방송관계자를 만났다. 몇 마디 나누다가 좋은 사람 소개를 시켜준다기에 마다하지 않고 월요일 만나기로 했다.

생각했던 바가 이렇게 빠르게 진행되는 것이 참으로 기이하게 여겨졌다. 나름 양복을 챙겨 입고 부푼 마음으로 만남 장소로 갔다. 떨린 것은 없지만 기대라는게 있었다. 서로 인사를 하는 순간 첫인상은 그리 싫지 않았다. 그런데 상대는 나를 대하는 얼굴이 그리 밝지는 않은 것이 분명해 보였다. 나중에 알았던 사실은 이러했다. 당시 나는 앞 송곳니를 금으로 씌워서 거북했고, 전체적으로 나이가 들어 보이고, 또 하나는 군인이라 내키는 사람은 아니었다는 것이다. 나는 더 이상 진전 없이 밥만 먹고 헤어졌다.

며칠이 지나서 곰곰이 생각해보니, 그래도 사람을 알려면 두세 번은 만나야 할 거 아닌가 싶었다. 연락을 하니 상대는 이심전심인가 응해 주었다. 서서히 마음에 문을 열고 만나니 얼굴은 밝아져 보였다. 시골 출신이라는 자란 환경이 대화의 소재로 조금씩 들어와 자리가 좀 부드러워졌다.

내 배우자가 될 사람은 자란 환경이 비슷한 사람을 생각해 왔다.

그 차이는 사물을 보는 가치의 견해폭이 크면 불편해지는 일이 종종 나타날 수 있기 때문이다. 몇 번을 보고도 이 사람인가 라는 생각은, 바로 이게 천생연분이구나라는 결론에 방점을 찍었다.

귀한 생명력으로 태어나 건강하게 규수閨秀로 성장하였고, YWCA 등에서 리더로서 사회활동을 하는 모습에 더 점수를 주게 된 것도 한 몫했다. 나는 결혼 전 아내에게 대한항공 조종사가 될 것이라는 약속을 꿈처럼 이루었다. 같이 가정을 꾸려서, 아들 둘을 건강한 사회인으로 잘 키웠고, 1989년 결혼 후 34년간 비행생활을 안전하게 뒷받침하였으며, 직접 모시지는 못해도 구순을 넘긴 시부모님 마음을 편하게 해드린 그녀는 내가 선택한 소중한 평생 친구이다. 그녀의 법명法名 금강화金剛花처럼 단단함과 아름다움이 동시에 피어난 꽃이다.

아내와 유럽 여행중 브뤼셀 홍합요리 레스토랑에서

# 4부

# 넓은 세상을 향한
# 몸부림

# 터닝 포인트에
# 서다

꿈과 사랑이 있어 가족을 이루었던 춘천이다. 단칸방에서 시작한 신혼은 큰아들이 태어나고 백일도 안 되어 아름다운 춘천을 떠났다. 항공학교는 내 인생에 진로를 열어준 곳이다. 최초 고정익 조종사 교육부터 회전익 전환, 고등군사반 등으로 익숙해진 터전에서 후배들을 위해 일을 하라는 명에 의거, 이제는 기간장교로 근무하는 곳이 되었다.

한 번쯤 근무하고 싶고, 바램으로, 자부심으로 생각되는 비행교관이 그것이다. 이삿짐을 실은 트럭 앞좌석에 젖먹이 아들과 셋이 끼어 타고, 낯선 조치원 죽림동아파트에 도착했다. 군인가족 숙소로 지어진 아파트는 아주 오래된 건물이라는 것을 단번에 알 수 있었다.

처음 시공시에는 조치원에서 유일한 아파트라 하지만, 주위에 모습들과는 확연하게 비교가 된다. 쪼그려 앉는 재래식 변기에 부엌은 연탄을 아궁이에 밀어 넣어 사용하는 화덕이 설치되어 있다. 대부분 신혼 살림이 많고, 어린 아이들이 있으니 어떤 부인들은 아파트 구조를 보고 울었다는 것이다.

이전 춘천 2군단에서 근무한 인연으로 교수부장이 이사 오기 전 학교 왕래를 요구해서 다녀간 적 있다. 이유는 교무처 통제장교 자리가 곧 비어 공석이니 근무할 의향을 물었다. 나는 사실 교관요원으로 명을 받은 것이라 참모 업무를 할 생각은 하지 않았던 차였다.

그 보직은 학교에서 몇 년 경험을 한 고참이 진급을 앞두고 고생하는 자리라는 것이 일반적 상식이기 때문이다. 교수부장 권유는 다 이유가 있다. 그분의 성격과 업무형식, 그리고 부하를 활용하는 방법을 잘 아는 입장에서 이해는 하고 있었다. 거부할 수 없는 틀에 들어왔다.

무無에서 유有를 창조해야 하는 나의 고민을 해결해 줄 사람은 아무도 없다. 학교 내에도 내가 그간 야전에서 알고 지내던 선후배가 없었다. 육군항공의 주력 전력에서 멀어진 고정익은 운영 및 활용성 제한으로 인해 일부 부대에서만 배치되었고, 그나마 전후방 교류가 없다 보니 학교내 근무 인연은 교수부장 뿐이었다.

교육기관은 야전부대와 달리 출퇴근이 명확하게 이루어진다. 딱히 퇴근버스를 타지 않을 이유가 없다. 그래서 가정적으로 근무하기 좋은 조건이고 선호하는 근무 공간이다. 약 일주일간의 업무 인계·인수를 마친 교육통제장교 업무는 가장 먼저 출근해야 하고, 퇴근버스 이용은 생각할 수가 없었다.

교무처 업무공간에는 중장기 계획을 수립하는 교육발전, 계획장교 2명이 있었고, 교육통제장교인 나는 월간, 주간 및 일일업무를 담당하고, 준장准將인 학교장이 임석한 가운데 학교 전체 현황 브리핑을 매일 아침 실시해야 한다. 교수부장과 워키토키와 핫라인 전화를 항상 작동시켜 비행하는 조종사 과정, 학술과목 진행 중인 보수 과정, 정비사 기본 및 보수 과정에 대한 훈련장소 및 교관 배정 등을 혼자서 통제해야 했다.

나는 하루에 담배를 2갑은 물고 살았다. 주말은 피곤해서 움직이기도 귀찮을 정도로 휴식이 필요했다. 어쩌다가 좋아하던 테니스를 치면 숨이 차서 공 받기가 쉽지 않았던 기억이 난다. 그 속에서도 틈은 생겨, 틈틈이 부서 족구 경기를 하며 생명력을 이어갔다.


훌륭한 상급자를 만나는 것은 조직 생활의 활력을 불어넣고 근무의욕을 준다. 받아들이는 입장에서 차이는 있지만 분명히 보다 다른 면을 보여주고 있다. 같은 일이라도 원만하게 진행하고 여유 있게 처리하는 방법이 있을 수 있고, 요란을 떨면서 크게 다르지 않게 마무리된 경우를 종종 봐 왔다.

그 바탕에는 신뢰와 믿음이 깔려 있다. 이런 이유로 조직은 새로운 인물을 키우고 인정하는 과정이 필요하다. 그런 흐름을 잘 타면 사람들은 '일 복이 있는 사람'이라는 별칭이 따라붙는다.

한편으로 일하는 복에 취해서 건강을 소홀히 하는 우를 범하기 쉽다. 여기에는 누구도 그 보상을 위한 순도 증명서를 발부하지도 받지도 않는다.


교수부장은 교육사로 이동하면서 경쟁자 없는 1명에게 줄 수 있는 근무평정을 나에게 주고 떠났다. 이전 전방부대에서 고참들로 인해 챙겨줄 수 없었던 평가를 이렇게나마 챙겨 주고 싶었던 마음이 아닐까 생각했다. 처음이자 마지막으로 상등급으로 기록되었다. 일 복은 또 이어진다. 전임자가 승진해서 떠난다는 자리 인사과장으로 이동하라는 명령이었다.

이게 아닌데 싶었지만, 사실 결혼 이후 작은아들이 태어나면서 가정이라는 테두리가 안정을 요구하는 가장의 책임감으로 자리매김하는 거 같았다. 본청에서 보다 바쁜 업무도 해봤으니 개의치는 않았다. 다만 품고 있는 차후 계획에 대한 차질을 조금은 우려했다. 기간 중 여유가 있어서 뜻한 바 국립 한밭대학교에서 항공 업무와 유사 학문인 전자공학을 수학했다. 하고 싶었던 학문이지만 전자공학 자체가 어려워서 재수강을 통해 힘들게 졸업하었다.

이른바 권총을 몇 개 얻었던 것이다. 졸업 논문형식의 리포트를 통해서 항공기 훈련용 시뮬레이션 장비의 시스템 작동 원리를 전자 공학적으로 분석 정리하여 제출한 자료는 대한항공 입사 후 항공기 운영에 많은 도움이 되었다.

이젠 더 이상 학교본부 건물에 있을 곳이 없어지니 비행 교관으로 내려가야 할 시간이 왔다. 가정을 이루고 숨가쁜 시간을 보낸 시기에 미래를 위한 설계도는 도면 위에서 멈추어 있었다. 인사과장을 수행한 전임자와 같이 나는 UH-1H비행 교관으로 이동하려던 참이었다.

상급자 처장을 통해서 위쪽으로 의사를 보냈다. 처장이 전한 반응은 원하던 바와 달리 다른 기종으로 가야 할 거라는 위쪽의 뜻을 전했다. 벌써 다른 사람이 내정되어 있다는 이야기다. 누구라는 말인가? 여러 정황을 고려해 봐도 우선순위에서 밀리지 않는데, 내가 실무적으로 아는 바 결정은 되지 않았다. 잠자고 있던 야생성을 들어내야 하나 싶었다. 일정 기간 길들여진 조직에 나를 맡기다 보니 나에게 관심을 줘야 할 부서 상급자인 처장도 남 일 이야기하듯 하였다.

처장 출장으로 내가 보고를 해야 할 문서가 있어 부관에게 학교장 대면 보고시간을 받았다. 준비한 보고를 마치고 나의 애로사항을 건의하였다. 내 이야기를 듣던 학교장은 집무실 책상을 내리치며 본인이 알지도 못하는 인사 내용이 오간다는 사실에 화가 난 것이다.

학교장이 직접 그 자리에서 나에게 지시했다. 원하는 날짜로 인사명령서를 기안해서 다시 오라는 것이다. 결재 공간은 실무자인 나와 최종 결재권자인 학교장 공간을 제외하고, 후결 표기하여 결재를 득했다. 그 결재 내용은 다음날 출장에서 돌아온 처장 책상에 놓였고, 즉시 시행되었다.

# 원망만 받은
# 비행교관

나는 소정의 훈련과정을 거쳐 비행교관이 되었다. 반쪽 날개를 가슴에 달고 처음 비행을 시작한 때가 엊그제 같은데, 새로운 위치에서 학생을 맞이하게 되었다. 변화된 분위기라면 회전익 비행 교관이다. 군생활을 위한 나름 철학이 있었다면, 여기에 더해서 비행교관으로 덕목을 겸비해야 것이었다. 비행교수법을 강의하면서 야전 각 항공부대에서 입과한 비행 교관 양성대상자들에게도 강조한 부분이다.

우선 학생의 작은 습관까지 관찰하고 교정해 주는 세심한 자세가 필요하다. 그것이 비행안전의 출발이다. 두 번째, 단순 조종기술을 넘어서야 한다. 지식과 기술을 체계화해서 위급 시 냉정하게 대처할 수 있도록 숙련화시켜야 한다. 세 번째, 학생의 수준에 맞추는 교육능력이 필요하다. 반복된 실수라도 꾸짖지 않고 가르칠 수 있는 인내심이다. 네 번째, 말보다도 행동으로 가르치는 자세가 중요하다. 교관이 본보기가 되어 안전이 습관화되도록 한다. 다섯째, 기량보다 마음을 먼저 다루는 사람을 키워야 한다. 긴장과 두려움은 위급 상황에서 대처능력을 현저히 저하시킨다. 여섯째, "나는 완성되지 않은 조종사"라는 인식하에 피드백을 수용해서 끊임없이 최신 기법을 배우는 자세가 필요하다. 마지막으로 차별 없는 지도와 평가로 신뢰받는 교관이 되는 것이다. 내가 과거 피교육생으로서 받았던 당시 교관들에 대한 인식을 떨치고 싶었다.

한여름 계류장 아스팔트는 뜨겁게 달아올랐다. 비행훈련 전 외부 점검을 마치고 조종석에 앉아 시동을 걸기 전에 뒷좌석에 있던 학생이 "교관님! 제가 냉커피를 맛있게 만들어왔습니다. 한잔 드십시오"라며 보온병 뚜껑에 부어 주니 바로 받아서 마실 수밖에 없었다.

학생들도 각자 시원한 음료수를 준비하지만, 나도 대추와 생강 등을 다려서 얼린 음료수병을 준비하고 다녔다. 학생 교대를 하면서 또 뒤에 다른 학생이 준비한 커피를 권하길래 서운하지 않게 거절을 했다. "나도 준비한 게 있으니 마신 걸로 하자"라고. 교관의 처신이 학생들에게는 어떤 인식을 주는지 몇 개월 후 뚜렷하게 보여준 사건이 있었다.

졸업식을 며칠 앞두고 내가 담당했던 두 학생에게 축하 겸해서 시내로 약간의 술을 겸한 저녁 자리를 마련했다. 취기가 오른 학생이 나에게 하는 말 "교관님! 제가 드린 커피는 왜 안 마신 겁니까?"라고 대뜸 큰소리를 하는 것이었다. 옆에 다른 학생이 그 이야기를 거들어서 알아차렸다. 별 특별한 이유가 있었던 게 아니라 그렇게 되었다고 설명해도, 그 학생은 무척이나 서운하고 차별을 받는 느낌이었다는 것이다.

한 학생은 더위에 적극적 방법으로 뜻을 관철시킨 반면, 다른 학생은 교대 후 내가 준비한 음료수를 마셔야 하는 타이밍과 겹쳤던 것에 불과했다. 가벼운 경험이었지만, 그 학생은 위축된 마음으로 자기 기량을 충분히 발휘하지 못했을 수도 있다는 생각이 들었다.

# 슈퍼 교관과
# 똥개의 인연

해군은 당시 자체 조종사 양성을 위한 교육기관이 없어서 육군과 공군으로 대상자를 위탁 교육을 보냈다. 육군항공학교는 해군 학생들이 위탁 교육을 받고 있으니, 기종별 몇명 해군 교관들이 파견근무를 하였다. 우리는 그들을 돌핀 Dolphin 교관이라 불렀다. 교관들은 고유의 이니셜을 보유하고 공중에서 서로 교신할 때 사용한다.

나는 슈퍼 Super 교관이다. 내 옆자리에 위치한 돌핀교관은 공군에서 고정익으로 중등교육을 받았고, 해군에서는 UH-1H를 조종하고 있었다. 나와 유사한 경험을 가지고 민간항공사에 들어가려는 계획을 세우고 있으니 공감 가는 부분이 많았다.

퇴근 후에는 청주 충북대 앞에 토익 학원도 다니면서 차근차근 계획을 진행하는 과정에 그는 해군으로 복귀하였고, 해병대 항공대장을 끝으로 소식이 두절되었다. 내가 대한항공 입사 후 몇 년이 지나 어떻게 알았는지 돌핀에게서 전화가 왔다. 궁금하던 차였는데, 미국으로 이민을 갔다는 소식을 국제 전화로 알려왔다. 그 후 20년이 지나 코로나가 끝날 무렵 한국에 온 돌핀을 만났고, 서로 세월의 흔적을 확인하면서 저녁 겸해서 오랜만에 술잔을 마주했다.

항공학교가 위치한 조치원은 예전부터 작은 주먹들이 있다는 소문은 듣고 있었다. 학교 본청 근무 시, 매일 같이 과중한 업무로 많은 흡연과 스트레스에 쌓인 나는 동기생과 스탠드바로 술을 마시러 갔다. 옆자리에는 여성과 같이 온 건장한 40대 남자가 자리하고, 우리는 조용히 술을 마시는 중이었다. 그런데 옆자리의 소리가 커지기에 쳐다 보았더니 얼굴을 찡 그리며 우리에게 불만스러운 표정을 보냈다.

나는 그 남자의 잔이 비어 있는 걸 보고 우리가 먹던 맥주병을 따라 주면서 좋은 의미로 한잔하시라고 했다. 잔에 거품이 차는 걸 보더니, 맥주잔을 내 쪽으로 밀어 잔이 쏟아지게 넘어뜨렸다. 의도 있는 행동 같다는 생각이 머리를 스쳤다. 순간 나는 남자의 턱을 오른 주먹으로 한 대 쳐올렸다.

나도 스트레스가 많이 쌓이다 보니 감정 조절이 쉽지 않았다. 순식간에 일어난 일인데 옆에 동기생은 신속하게 수습을 하려고 애썼다. 그 남자에게 다가가서 사과의 표현을 하면서 나에게 먼저 나가라는 신호를 보냈다. 상황 처리에 능숙한 동기생을 믿고 나는 눈치껏 2층 계단을 통해 자리를 피해 내려왔다. 몸집이 건장한 몇 명이 내가 내려가는 나무 계단을 스치며 뛰어올라 가고 있었다. 다음날 출근 후 동기생은 나에게 와서 큰일 났다라는 말로 어제 저녁 상황을 알렸다. 내가 조치원 똥개를 잘못 건드렸고, 그는 이른바 지역 폭력배 두목이란 것이었다. 약간 당황스럽기도 했다. 어쩐지, 하는 행동에서 굵은 선이 있다는 생각은 잠시 했다. 어제 뒤처리는 잘 했으니 걱정하지 말라면서 오늘 퇴근 후 똥개와 만나기로 했단다. 나는 업무를 마무리하고 군복 차림으로 만나는 장소인 횟집으로 갔다. 내 앞에 나타난 광경은 조폭 영화에서나 볼 법한 모습이었다. 정면으로 똥개 옆에 한 어깨 하는 사람이 앉아 있었고, 동기생은 앞에서 정중한 자세로 나를 맞이했다.

나에게 어제 그 형님이라고 소개하길래 "어제는 죄송했습니다"라고 말을 건네니 대뜸 말을 낮추면서 술이나 한잔하자고 한다. 알고 지내는 군선배를 이야기하면서 자연스럽게 형님 아우가 되어버렸다. 그리고 명함을 건네면서 어려운 일 있으면 연락하라며 그들 특유의 인간관계를 쌓으려는 모습이었다.

다양한 빗자루를 생산하는 공장을 운영하는 사장이었다. 연락이 와서 갔더니 수수로 만든 빗자루를 몇 자루 차에 실어 주었다. 건들게 되면 더럽게 된다는 의미로 똥개라는 별명 붙었는데, 나에게는 똥개 짓을 하지 않았다. 그는 집행유예 기간이라 조신하게 지냈던 걸로 알고 있다.

# 파이턴의
# 비애

사회 진출을 위한 준비를 하는 과정에서 수도권 근무가 요구되었다. 5년간의 항공학교 근무를 마치고 항공작전사로 전출 명령을 받았다. 각종정보를 얻기에 좋은 위치를 잡아 이동해야 하는데 녹록지 않았다. 기동항공단으로 전출 예정인데 수도권에서 먼 곳에 배치될 거라는 풍문이 돌았다. 원칙도 없는 듯 의사를 물어보지도 않고 인사를 한다는 생각에 휴가를 내어 서울에 위치한 기동항공단장 집무실로 찾아갔다.

예전 항공학교에서 행정부장을 할 때 자주 보던 인연이 있어 단도직입으로 가까이에서 근무하도록 요청했다. 예하부대인 202대대장도 내가 항공학교 전입 시 인사처장으로 같이 근무했다. 그는 나를 영입하려고 미리 나의 정보를 알고 있었던 것이다.

202대대는 수도권 기동작전의 주요 역할을 담당하면서 평소에는 국방부. 합동참모본부 등 주요 인물의 수송 임무를 수행하는 부대다. 따라서 경험 많고, 기량이 우수한 조종사들을 요구하고 있었다. 항공학교 교관근무 경험이 조건에 부합하다 보니 자연스럽게 수도권 근무로 결정되어 이동하게 되었다.

1995년 6월 29일은 전입할 기동항공단 상급부대인 항공작전사령부에 신고하기 위해 이천 소재 숙소에 도착하는 날이었다. 오후 6시쯤 키를 받아 숙소 방에 들어가 습관처럼 TV를 켰다. 긴급속보를 알리면서, 500명 이상이 사망한 서울 강남에 위치한 삼풍 백화점 붕괴사고를 방송하고 있었다. 전년도에 한강 성수대교 붕괴사고 충격 이후 불과 일 년이 안되어 대형 인재 사고가 발생하여 온 나라가 충격에 쌓였다.

급격한 경제성장 속에서 생긴 부실시공에 따른 인재로 보는 관점이 우세한 가운데 국민들은 공포를 느끼지 않을 수 없다. 참상을 가까이에서 실감하는 듯 잠을 설치며 하루 밤을 보낸 후, 다음날 항공작전사를 떠나 서울 천호동 가까이에 위치한 기동항공단 본부로 이동했다.

가족들은 아파트가 준비되어 있지 않아 혼자서 2달은 혼자 지내야 했다. 202대대 임무는 거의 매일 떨어지고 범위는 전국적으로 육·해·공군 전군에 해당되었다. 철저한 사전준비를 해야 하는 생소한 목적지도 많았다. 특히 기상은 큰 변수로 작용하였고, 그에 따른 예비계획은 물론 임무 전 GONO결심도 여유 있게 판단해야 했다. 장성급 탑승자들이 지상 이동계획에 차질이 있을 수 있기 때문이다.

지형상 부대위치는 계류장과 가까워 헬기 엔진 소리와 회전날개가 공기를 치면서 생기는 충격음이 유난히도 크게 들린다. 거의 매일 아침 임무 항공기에 대한 점검과 시운전을 마치고 일상을 시작한다. 얼마 지나보니 부대 분위기가 좀 특이하다는 느낌이 들었다.

지휘관의 의도라기보다는, 부대원들이 경직된 느낌으로 움직인다는 생각을 가졌다. 부대 전투력측정을 앞두고 있어서 비행 임무가 없는 부대원들은 시험준비를 하고 있었다. 정작 과장 자리에 가보니 분위기를 이해할 수가 있었다.

그에 일이 그것으로 한정된 느낌은 무엇일까? 야전부대 지휘관은 부대원들에게 활기를 불어넣어 움직임을 좀 더 능동적으로 만들어야 하고, 참모는 지휘관이 간과할 수 있는 부분을 허심탄회하게 건의하고 조치할 수 있는 조직이 되어야 한다.

수시로 비상출동 훈련도 하니 교육기관에서는 있지도 않은 상황에 피곤함이 쌓일 정도였다. 평소 202부대의 고유 임무는, 다양한 인원 수송을 안전한 수행하는 것이다. 이를 위한 조종사 훈련과 항공기 정비관리는 어느 것보다 우선이 되어야 한다는 것이 나의 생각이었다. 관련한 시스템적 관리가 아쉽다는 부분이다.

시계비행$^{VFR}$규칙에 준한 비행임무는 사실상 피로도가 가중되기도 한다. 청명하고 맑은 날을 제외하고, 안개 등으로 인한 시계에 제한이 생기면 조종사들은 항법과 각종 장애 요소 회피를 위해 주의력을 더욱 발휘해야 한다. 이와 유사한 긴급 상황시에 항공기 위치에 따른 판단과 대처를 위한 심적 준비를 하는 것이 곧 비행 준비이며 과정이다. 나는 VFR비행이 이렇게 피곤함을 가중시키는지 202대대 임무를 통해 더욱 실감했다.

전국 육·해·공군부대 곳곳을 다니다 보면 저고도 기상치가 수시로 달라 착륙지 변경과 잔여 연료 판단으로 긴장감을 갖는 경우가 다반사였기 때문이다. 나는 상급부대 임무 혹은 훈련 비행시, 공군 추적 레이더 워치맨$^{Watch\ Man}$을 수시로 활용하고 계기비행 전환을 위한 준비를 늘 해왔다. 또한 있을 수 있는 비행 중 엔진이 꺼지는 경우를 대비하는 것이다.

UH-1H$^{Huey}$는 세계에서 가장 많이 오래 사용한 "기술적으로 성공한 전설"로 불릴만한 항공기였다. 우리나라는 월남전에서 사용했던 미군 장비를 인수했는데, 그 대표적인 것이 UH-1H이다. 바로 전력화 할 수 있는 장점이 있기도 하고, 예산 절감 효과가 크기에 이른바 잉여 군사물자도입$^{FMS}$의 이름으로 도입되었다. 이렇게 들어온 항공기는 엔진 수명시간이 도달한 항공기가 많았고, 우려하는 바가 수시로 생겨서, 엔진 등 주요부품 오버홀$^{Overhaul}$을 시행해 왔다. 그 신뢰와 안정성 확보는 또 다른 부분이었다.

부대 전입 1개월쯤 그해 여름도 무더위가 시작되었다. 아침 일찍 임무를 나가는 것이 더위를 피할 겸 좋았다. 나는 그날 계룡대 육군본부로 내려가 육군복지단장을 픽업하여 춘천 2군단에 갔다가 다시 육군본부에 다녀온 후, 서울 부대로 복귀하는 운항이 계획되었다. 오전 10시쯤 이륙했고, 또 다른 한 대는 부대에서 12시경 이륙하여 이천 항공작전사에서 302 치누크 대대장 픽업$^{Pick\ Up}$, 기동항공단 정작과 장과 함께 육군본부로 가는 임무가 계획되어 있었다. 날씨는 좋아서 비행에 제한사항은 없었다.

충분한 시운전과 제반사항을 점검 후 나는 정상적으로 비행을 하여 육군본부 경유해 춘천에 도착했다. 춘천으로 가는 항로는 가슴 벅찬 하늘 길이었다. 아름다운 나의 추억을 간직한 호반의 도시 춘천 상공을 지나 탑승자를 군단에 하기 후, 대기 장소인 인근 샘밭 비행장으로 이동했다.

그 곳 205대대에서 기다리고 있던 두 장교가 있었다. 한 장교는 피우진 소령, 문재인 정부에서 보훈처장을 지냈다. 다른 한 장교는 강선영 중위, 훗날 육군소장으로 항공작전 사령관을 지내고 윤석열 정부 국민의 힘 비례대표로 국회의원이 되었다. 피소령과 만남은 항공학교 인사과장과 모의비행학과 교관으로, 강중위는 조종기수 담임교관과 학생으로 인연이다. 시원하게 큰 수박을 준비한 두 장교와 이런저런 이야기를 하던 중 대대 정작과장 선배가 '파이턴 이것 말고 또 있나?' 라며 당황하면서 우리 쪽으로 성급히 다가왔다.

파이턴$^{Python}$은 202대대 항공기를 호출할 때 쓰는 Call Sign이다. 또 다른 한 대는 오후에 육군본부 임무가 있다.라고 대답하니, 음성 중부휴게소 인근에서 추락했다는 비보였다.


이천에서 육군본부로 이동중 엔진 정지로 회복할 수 없는 추락을 하였다. 이 항공기는 내가 어제 아침 비상전개훈련 시 정상 이륙하여 전개훈련을 완료 후 이상 징후 없이 착륙하여 계류해 놓은 항공기였다. 엄청난 사고 충격에도 임무를 마치기 위해 중부고속도로 사고지점 상공을 통과하여 계룡대로 내려갔다.

부대 복귀 차 서울로 비행하는 동안 우리 모두는 기도하는 마음이었다. 조종사 2명, 탑승자 장교 2명, 승무원 병 2명 총 6명중, 조종사 1명을 포함 장교 3명 사망, 승무원 병1명 사망, 2명은 중상으로 확인되었다. 부대는 장례절차로 전환하고 있었다.

당시 서울 강서구에 위치한 수도통합병원에서 교대하면서 빈소를 지켰고, 중상이었던 병사가 2주 후에 사망으로 거의 한 달 가까이 병원을 왕래하였다. 202대대는 상급부대인 기동항공단 부단장을 임시 지휘관으로 부대 정상화를 위한 관리에 들어가고, 대대장은 보직 해임되었다.

원인 분석을 통해 부대 체질을 개선하고자 노력하는 가운데 조종사들 훈련에 관한 문제점이 대두되었다. 그간 국방부, 합참본부 등 주요 인사들 임무 수행을 하는 PIC<sup>Pilot in Command</sup>들에게 운항중 발생 가능한 비상절차 훈련이 사실상 전무한 상태인 것으로 확인되었다.

이는 지휘관 재임중 무사고를 위한 소극적 부대관리로 나타난 대표적 사례로 나타났다. 즉 기량이 우수하고 비행경력이 많은 조종사에게 주요임무를 편중시키는 결과를 만들었고, 지속적으로 훈련을 통해 임무의 다양성에 대비하지 못했다는 합당한 결론에 이르렀다.

지휘관의 의도였는지는 모르지만, 조언을 제대로 하지 않고 부대 운영을 주도한 참모들의 책임도 간과할 수 없는 것이었다. 국방부, 합참 등 주요 인사들에 대한 임무는 계속되면서 대대는 훈련을 강화하였다. 나는 이때 가장 피곤한 비행을 많이 했다.

대대 교관으로써 PIC양성을 하면서 비행중 엔진 정지 상황에 대비 실전과 같은 훈련을 시켰다. 미사리 상공에서는 엔진정지 시 공회전으로 항공기를 낙하하도록 만들어 지상 약 20피트상공에서 엔진을 정상으로 살려서 종료하는 "Simulated Engine Failure and Terminated with Power" 과목을 숙달시킨 후, 용인에 있는 긴 아스팔트 활주로에서는 엔진동력 회복 없이 메인 회전체<sup>Rotor</sup>가 기체의 하강 속도와 공기의 흐름을 이용해 회전하는 무동력 착륙인 "Full Autorotation Landing"을 집중 훈련을 하였다. 유압장치고장에 대비한 활주 착륙 훈련 등 고도의 집중을 요구하기 때문에 피로도가 더 가중되었다. 대대의 정상화 관리가 몇 개월간 이루어지고 늦은 가을에 새 지휘관을 맞이하게 되었다.

# 간발의 차이로
# 지킨 남방 한계선

다양한 임무에 대한 준비가 필요함을 나는 꾸준히 지적해 왔다. UH-1H 다목적 운영 항공기로서 고공 낙하훈련, 산악 및 고층빌딩 로프를 이용한 강하 훈련, 공중기동작전참가 등으로 인원 수송 외에 추가 임무가 나올 수 있다. 이번에는 비행금지선 안으로 설치되어 주어진 구간으로만 비행하는 회랑비행 임무가 부여되었다.

이러한 비행도 대대는 수행한 경험이 없었다. 정기적인 교육훈련을 통하여 자격을 유지시켜야 하는데, 이 또한 실행을 하지 못하였다. 조종사 둘 중 한 명이 자격이 있는 경우는 임무가 가능하고 부조종사가 15사단항공대에 근무한 경험이 유지되고 있어 편성이 되었다.

오전 용산 미군헬기장에서 서강대학교 박홍총장을 픽업하여 원주 제1야전군 사령부에서 안보강연을 한 후에 전방 15사단 GOP를 방문하는 계획이었다.

카톨릭 신부인 박홍총장은 당시 좌경세력 비판 등 통일관련 보수적인 시각에 주목을 받았던 인물이다. 나는 부조종사와 세밀한 도상연구와 확인을 했으며, 동기생인 15사단 항공대장하고 유선 전화를 통해 사단 지역을 진입하면 궁중 에스코트를 하기로 협의를 했다.

원주에서 다시 이륙한 항공기는 춘천 상공을 경유해 화천을 통과하니 시정이 떨어지면서 지상에는 눈이 하얗게 덮여 있었다.

도로망이 선명하게 보이지 않았다. 곧 비행 회랑으로 진입을 관제기관에 보고를 하고 속도를 줄였다. 15사단 항공대장과도 무선통화를 완료했다. 내가 조종간을 잡았고, 부조종사는 항법지도를 보면서 나에게 방향과 체크 포인트를 계속 알려주어야 했다.


최근까지 근무 경험이 있는 부조종사가 지형에 익숙하리라 보았다. 철책선과 가까워서 순간 실수를 할 수 있기 때문에 유사시 회피절차를 신속히 수행해야 한다. 전방을 주시하는 순간 이쪽을 향한 큰 확성기판이 멀리 보였고, 항공기에 설치된 마그네틱 헤딩 자침을 보는 순간 N$^{North}$방 향을 지시하고 있었다. 직감적으로, 조종간을 신속하게 돌려 항공기를 회피절차에 의거 180도 남쪽 방향으로 급선회하였다. 눈으로 쌓인 남방한계선 철책선이 선명하게 보였다.

그때 15사단 항공대장은 도착시간이 늦어져 확인 차 연락이 왔다. 원 항로를 찾아 15사단 사단장이 마중 나온 GOP 착륙장소에 내렸다. 순식간에 이루어진 상황에 나는 부조종사에게 "부대 복귀 시까지 잘하자"라는 짧은 말만 할 수밖에 없었다.

용산 미군 헬기장에 내린 박홍총장은 내 인사를 받고는 멈춰 서서 주날개가 회전하고 있는 항공기 정면을 한참 동안 바라보았다. 부대로 복귀하고 보니 상황을 벌써 알고 있었다.

철책경계부대에서는 월북 방지를 위해 우리 항공기를 향해 사격을 하였고, 확인한 결과 꼬리 쪽에 총탄 자국 두 개가 발견되었다. 기무사에서 간단한 질의가 있었고, 부대 동계 훈련 기간 동안 155마일 휴전선 비행 회랑을 연구하고 도식 하며 자숙하는 기회를 가졌다.

육군항공학교 비행교관 수행중

# 5부

# 하늘 위,
# 그리고 5대양, 6대주

# 소공동 KAL
# 본사를 향해

하늘에 비행운이 생기면 자연스럽게 고개를 들어 바라보게 된다. 길게 꼬리를 남기는 그림 같은 신기한 현상을 오래 전부터 궁금해 왔다. 서울에 올라와 분주한 일상으로 계획에 차질이 생겨서 조금 수정해야 할 거 같았다. 내가 생각하는 민간항공사에 입사를 하려면 미국 면허 취득과 FAA관련한 내용을 알고 시도하는 것이 마땅하다고 생각되었다.

우선 사업용 면허 및 계기비행 책자를 원서原書로 구입하여 틈틈이 정독으로 준비를 했다. 봄이 되어 출국 의도를 지휘계통을 통해 보고 후 미국 LA로 건너갔다. 브라질 BASP항공을 이용했다. MD11기종이었는데 당시에는 최신 기종으로 서울과 LA를 정기적으로 운항하였다.

기내에 쉬러 나온 부기장과 탑승한 비행기에 대해 몇 마디 나누다보니 계획이 한걸음 더 나아간 듯했다. 한 달간 오렌지 카운티에 위치한 존 웨인[John Wayne] 공항에서 회전익과 고정익 면허를 취득했다.

모든 준비를 해서 갔기 때문에 필기시험 통과 후 바로 회전익부터 비행훈련과 평가를 완료했다. 내가 현재 비행하고 있는 회전익이기 때문에 기종은 다르지만 비행평가도 어렵지 않게 통과가 가능했다. 우리나라와 달리 회전익 임시면허를 소지하면 바로 고정익 면허는 요구조건에 의거 평가를 받을 수 있게 되어 있다.

나는 그 요구 조건인 비행시간과 이착륙이 완료되었으나, 300마일 이상의 장거리 항법이 충족이 안되어 네바다 사막을 횡단하여 돌아오는 항법비행을 별도로 해야 했다. 미국 평가관은 대한민국 남한 땅에서 비행한 것은 300마일로 인정하지 않았다.

미국 연방항공국 사업용 조종면허 취득 및 FAA항공법을 공부하고, 한국의 항공법과 항공통신면허까지 갖추니 항공사 입사를 위한 준비가 완료되었다. 피곤한 임무는 계속되었지만 예전과는 다름을 느꼈다. 임무를 좀 더 정확하게 근거에 준해서 항법을 준비하고 적용하는 습관을 만들어 갔다.

가을 어느 날, 합참 3성 장군을 픽업하여 오산 미군 비행장을 들어가는데 VFR[Visual Flight Rules] 진입 관제탑에 보고했더니, 공중에서 대기[Holding]를 하라고 지시를 한다. 한국 공군비행장 같으면 착륙을 우선 유도했을 텐데, 접근하는 고정익 비행기가 우선권이 있다는 사실을 이해했다.

계류장에 대기하는 동안 운항실로 들어가 활주로를 이착륙하는 전투기 등 대형 수송기를 보다가, 눈은 가까이에 있는 전화기에 시선이 멈췄다. 나는 주저 없이 전화기를 들었고, 외부연결을 통해 대한항공 인사부 조종사 모집 담당자와 연결이 되었다. 나를 소개하고 채용 계획을 여쭤보니 언제라도 접수 가능하다는 대답을 받았다.

임무가 없는 날 마음먹고 천호대교를 건너 소공동으로 차를 몰았다. 안내실을 통해 올라가 직접 담당자 박과장을 만나 지원서를 써 놓고, 비행경력 등 기타는 우편으로 보내 주기로 하고 나왔다. 현역으로서 군의 추천절차가 필요하냐고 물었을 때 전혀 해당 없다는 답변이었다. 입사를 보장한다는 이야기는 아닌데, 진행이 생각보다 빠르게 나아가는 거 같았다. 이제는 전역을 위한 결심과 실행만 남았다.


배수진을 치면 두려움을 극복할 수 있다. 군 생활을 통해서 부지불식간不知不識間에 울타리에 안주하고 있다는 생각을 해왔다. 조직에 충실한 것은 기본이었고, 견고한 보호망에 둘러 쌓여서 변화하는 사회 흐름을 따라가지 못하는 조직의 특성을 자부심으로 곡해될 수 있었다. 명예와는 차원이 다르다. 불안한 기색으로 전역 이야기를 듣고 있던 가족은 불안한 듯 동의를 하는 느낌이었다. 어느 날 오후 결산

회의가 시작 전에 대대장실로 들어가 전역의사를 이야기하니 놀랍게 받아들였다. 예전 재떨이 투척 사건과는 시대가 변했지만, 선배인 대대장의 인격을 믿고 있었다.

한참을 옥신각신하다가 인사장교를 통해서 전역 지원서를 조치했다. 대대장은 '무슨 계획이 있느냐'로 시작되는 걱정스러운 물음이었다. 내 계획은 철저하게 가려져 주위에서는 대한항공 지원 자체를 모르고 있었다. 대체로 짐작은 헬기 민간업체 혹은 산림청으로 취업하려는 의도로 보는 것이 일반적이었다. 전역 전 6개월 정도는 쉴 수 있지만, 이조차도 나는 3개월로 단축시켰다. 입사 전형 날짜가 확정되었고, 휴가 조치 후 3일간 필기 전형, 시뮬레이션 비행테스트, 신체검사와 별도 날짜에 임원면접과 원어민 영어 인터뷰를 마지막으로 별 문제없이 진행되었다.

1996년 우리나라는 경제위기 직전의 구조적 취약점이 나타났지만, 그해 말에 OECD에 정식 가입함으로써 명실공히 선진국 반열에 올라섰다는 평가를 받고 있을 때였다. 앞으로 어떻게 진행될지 울타리 안에서는 상상할 수 없는 상황이 벌어지고 있었다. 나의 계획이 이 흐름에 영향을 받을 거 같은 예감이 밀려왔다. 그해 12월 말에 대한항공에서 연락이 왔다. 다행히 입사가 결정되었으며, 신년 초부터 부기장 교육훈련이 가능하냐는 물음에 가능하다고 답변을 하였다. 이때까지만 해도 내가 입사 시험을 치렀는지 몰랐던 항공작전사 인사처는 대한항공의 통보를 받고, 명령에 의해 전역 후 교육이 가능하다고 일방적으로 통보했다. 이른바 괘씸죄에 걸렸던 것이고, 주변에서는 상상도 할 수 없는 일이 벌어졌다. 고정익 비행기가 없는 육군에서 회전익 항공기 비행을 하는 현직 조종사로서 대한항공 입사가 결정되었다는 사실이다.

항공단장에게 전역신고를 하는 차담<sup>茶啖</sup> 자리에서 의미 있는 조언<sup>助言</sup>을 들었다. 사회진출에 대한 격려와 축하의 메시지를 받은 느낌은 아니었던 것으로 기억된다. 대한항공에서 교육과정에서 살아남기가 쉽지 않고, 예전에 본인의 동기생을 포함하여 많은 육군 출신 조종사들이 기장 진출을 못하고 실패해서 나왔다라는 이야기를 듣는 나는 무거운 감정을 느꼈다.

굳이 이자리에서 이런 말을 심도 있게 꺼내는 의의가 무엇인지 생각해보니, 이 또한 괘씸죄에 해당하는 것이다. 본인에게 이런 중대 사항을 말없이 추진한 나에게 언짢은 것이다. 이해되는 부분이지만, 내 인생의 진로가 상급자에게 좌지우지 맡길 수 없다는 사실을 터득한 경험으로 이루어진 것이다.

인격적으로는 좋은 평가를 받던 지휘관으로 기억된다. 다만, 육군본부 임무를 마치고 야간 비행으로 서울을 향해 부대 복귀를 하려고 항공기로 이동 중 기동항공단 상황실로부터 연락이 왔다.

내용은 현지에서 자고 다음날 아침에 비행하라는 단장 지시였다. 잠잘 준비도 안하고 왔지만, 뜬구름 없이 야간 비행하지 말라는 지시에 의도가 궁금했다.

구름 한점 없이 맑은 하늘에 별이 총총히 반짝이는 가을날 금요일 저녁이었다. 이유를 좀 더 확인해보니 특별한 거 없고 야간이라는 점이었다.

교관 자격인 나는, 훈련 겸해서 야간 비행을 고려할 수 있는 여건임에도, 이러한 조치를 한 지휘관은 "보신주의자"구나 생각하였다. 육군총장 전용기를 담당하던 바로 위 기수 선배와 논산시내에서 저녁 겸해서 술을 한잔하고, 다음날 충분히 휴식을 취한 늦은 오후에 복귀했던 기억을 떠올리며 전역 신고를 마무리했다.

# 경제위기 속,
# 잇따른 대형사고

입사일이 결정되어 거주지역을 찾아 다녔다. 김포공항 인접이 가장 좋은 곳인데 실상은 답답하다는 환경들이 일산 신도시로 발걸음을 돌리게 했다. 거주 여건이 여유롭게 보였고, 아이들 학교 등 가족들이 좋아하는 환경으로 여겨져서 일산으로 전세를 얻었다.

27평 아파트가 이렇게 넓게 보였는지, 16평에서 살던 우리 가족은 너무 좋아했다. 신도시는 공원시설이 단지마다 마련되어 있고, 셔틀버스가 백화점 등으로 손쉽게 이용하는 장점이 많았다. 봄철엔 아파트 주변과 온 도시가 다양한 꽃으로 물들고 명실공히 매년 세계적인 꽃을 한눈에 볼 수 있는 고양 꽃박람회가 열리는 곳이다.

이사 온 1997년 우리나라가 외환위기를 겪으면서 대규모 구조조정과 실업사태가 발생하게 되었다. 이 와중에 전역과 동시에 항공사에 입사한 것은 운運이었다. 그때 시중에는 "38세 전에 고노Go No 선택을 해야 한다는 38선, 45세 전이 정년으로 생각해야 하는 사오정, 56세까지 근무하는 사람은 도둑이다 라는 오륙도"란 말들이 돌았다. 나는 38선은 무난히 넘긴 셈이었다. 이후 나는 육군항공 현역 조종 경력으로는 대한항공 입사한 마지막 인물이 되었다.

본사에서 약 3개월간의 지상교육을 마치고 제주도로 이동하여 소형 제트비행기 훈련을 하게 되었다. 제트비행기 경험이 없는 나는 제주 정석비행장에서 군조종사 제트전환 과정에 입과하였다. 약 일주일 정도에 끝나기로 계획된 프로그램이었다.

무더위가 한창인 7월 말 한라산 중턱에 위치한 정석 비행장은 구름속에서 시계제한으로 비행훈련이 제한되고 있었다. 1997년 8월 초 229명을 태운 B747-200항공기가 착륙 중 발생한 괌GUM참사가 방송매체를 덮었다. 모든 비행훈련은 중지되고 일부 지상과목으로 대체하였다.

가족과 초등 2학년인 큰아들. 유치원생인 작은아들을 제주도로 불렀다. 방학 때이고 충격에 놀란 거 같아 숙소에 함께 머물면서 지내자는 생각했다. 내가 출근하면 가족은 아이들과 버스를 이용해서 이곳저곳 다니다가 저녁에 만나고 했다. 1개월 후 비행훈련이 재개되어 훈련을 마치고 서울로 돌아왔다.

괌 사고는 착륙 직전까지 정확한 상황 인식부족에서 일어난 참사였다. 괌 국제공항 착륙 활주로 방향으로 니미츠 힐 <sup>Nimitz Hill</sup>이라는 해발 200m의 언덕 형태의 산이 있다. 니미츠 힐은 2차 세계대전 태평양 연합군 총사령관의 니미 츠 제독 이름을 딴 군사적으로 중요한 장소였다.

나 역시 비행 중 괌 공항을 10차례 넘게 이착륙 하였다. 야간에 주로 입출항을 하기에 니미츠 힐 방향 접근은 보다 긴장된다. 비행 스케줄이 나오면 몇 번이고, 여러 상황에 대비한 연구를 하게 된다. 기상 악화 시 착륙 준비, 비행기 항법장비 문제 발생 시, 반대로 비행장 접근장비 고장 시, 많은 항적 및 기타 사유로 착륙 지연으로 연료 문제 발생 시, 다른 공항으로 회항을 하는 경우 등 예기치 못한 상황도 있을 수 있기에 긴장은 떨칠 수 없었다.

제주 제트비행기 훈련을 마치고 돌아온 회사에는 참사의 충격에서 벗어나지 못하였고, 등촌동 KAL 훈련원 1층에는 희생자 빈소가 차려져 있었다. 이어서 진행되어야 할 순서는 국내선 기종을 받고 해당기종 교육훈련을 시작해야 하는 데 회사 분위기상 늦어지고 있었다. 지루한 시간은 2달 가까이 지속되었다.

월급이 정상적으로 나오려면 부기장교육이 완료되어야 했지만 타야 할 기종 마저도 정해지지 않았다. 나는 시작한 골프를 치기로 하고 인근 연습장에서 하루를 보내다시피 하였다. 가볍게 익혀야 할

자료를 소지하고, 모퉁이 타석을 이용하여 공부와 골프연습을 지루하지 않도록 병행했다. 이렇게 골프 연습장에서 시간 보내기 방법은 수년 동안 정기적인 시뮬레이터 훈련과 심사가 진행될 때 효과적으로 활용하였다.

기다림이 끝나고 MD82기종을 받았다. 맥도널 더글러스사가 제작한 중단거리 여객기로 170명을 탑승할 수 있는 기종이다. 대한항공은 당시 14대 정도 보유하고, 국내선과 일본. 중국 등 4시간 이내의 노선에서 운항하였다. 일본 홋카이도, 중국 해남도, 블라디보스톡으로 가끔 투입되었다. 약 6개월의 기종 훈련을 마치고 부기장 임명을 받으며 명실공히 에어라인 조종사가 되었다.

교육과정 완료 전까지 1년 이상을 월 100만원 남짓 수령하였다. 군생활 중 모아두었던 적금을 빼서 생활비로 충당하였다. IMF에 시중은행들은 통합절차에 들어가고, 돈의 흐름이 차단되는 상황으로 몰려서 대출 내기가 힘들었다. 잠시 동안 500만원 긴급대출이 필요했다. 내가 주거래 은행으로 회사 입사 시 월급 통장을 개설한 신한은행에서 신청을 하니 창구에서 재직증명서를 요구했다. 요구 서류를 제출하였더니 거절당했다. 이유는 직급에 적힌 수습조종사, 즉 인턴이기 때문에 대출이 안되었다. 정식직원으로 입사되었지만, 조종사들은 훈련 과정상 직급이 그러하다고 설명해도 소용없었다.

경제위기 상황은 곳곳에서 보였는데, 종종 인근 시립 도서관에 가보면 많은 사람들이 책상에서 자격증 종류의 공부를 하고 있었고, 일산 호수공원에도 많은 중장년층의 남자들이 돌아다녔다. 나도 그 무리 속에서 직간접으로 IMF를 실감했다. 입사 후 고생한 보람이 월급 통장으로 나와 삶의 여유가 생겼다.

MD82 여객기는 활주로가 짧은 국내의 취약한 공항을 다녔다. 그곳이 울산공항과 포항공항이 대표적이다. 사실 항공기 성능상 더 여유 있는 착륙거리가 필요함에도 계산상 문제없다고 판단되어 일일 수차 운항하였다. 조종사들에게 까다로운 공항으로 인식되면서 이들 공항을 훈련 후 검열공항으로 설정이 되었다.

1998년 9월 폭우와 강풍속에서 울산공항에 착륙하던 MD82 여객기가 활주로 북쪽 녹지대로 이탈하는 사고가 발생하였다. 일부 부상자가 있었고, 다행인 것은 전면 30m에 벽면 앞에 멈춰 섰다. 내가 타고 있던 14대 항공기 중 한 대였다.


이듬해 1999년 3월 나는 경주 코오롱 호텔에서 1박을 하고 아침 첫 울산발 김포로 운항을 위해 공항으로 이동 중이었다. 비는 예보가 있었지만 예상 외로 엄청난 폭우가 쏟아졌다. 정시에 이륙이 쉽지 않을 듯한 기상 상태였다. 승객 탑승을 완료하고 출발대기를 하였다.

이런 폭우 상태로는 이륙이 불가하여 좀더 활주로상에서 대기하기로 하고 관제탑 허가를 받아 활주로 끝단으로 이동했다. 빗줄기가 조금 약해지자 기장은 이륙을 결심하고 활주를 시작했다. 요즘 같으면 공항 탑승구에서 대기하고 있을 것이다.

활주를 끝낸 비행기는 비구름 속으로 솟구쳐 상승하면서 계기비행 절차를 따라 전파 항법시설인 포항 VOR 상공으로 가고 있었다. 1만 피트까지도 폭우가 비행기 동체를 때리더니 치고 올라온 구름 위는 화창하게 평화로운 세상으로 변했다.

김포 본사로 돌아와 포항으로 비행을 간다는 해군 출신인 기장과 만나 인사와 함께 기상 정보를 알려줬다. 가장 최신이고 중요한 정보가 되는 것이다. 나는 매뉴얼 등 서류를 반납하고 주차장에서 차를 몰고 행주대교를 넘어 귀가 중에 시계가 정오를 울려 습관처럼 라디오를 켰다. 아나운서는 목소리에 힘을 주면서 속보를 전했다. 포항공항에 착륙하던 대한항공 여객기가 활주로를 이탈해서 기체가 두 동강이 났다는 것이다. 마음을 진정시키며 집으로 와서 TV를 켰다. 회사에서 만난 기장이 조종한 비행기였다. 중상자 19명을 포함 76명이 부상한 대형사고로 기록되었다.

소소한 징후를 소홀하게 대처해서는 안 되는 이유들은 많이 있는데, 경영방식은 변하지 않은 당시 회사는 사고처리에 급급할 수밖에 없었다. 꽝 사고 충격에서 벗어나기가 쉽지 않은 상태에서 영업을 위한 처리방식이 우선한 것이었다.

포항사고 다음 달 4월에 상하이 홍차오 공항에서 MD11화 물기가 이륙 중 추락하였다는 뉴스가 전세계를 또 놀라게 했다. MD11항공기는 내가 입사 전 LA 갈 때 탔던 BASP 항공으로 최신 기종이며 조종사들이 선호하는 비행기였다. 원인은 계기 결함으로 나왔으나, 여러 원인이 추가되기도 했다.

항공기 사고는 복합적인 원인을 걸러주는 관리 시스템이 미흡하거나, 휴먼 에러Human Error 측면에서 관리 소홀이 일반적이다. 영국의 심리학자 제임스 리즌Janes Reason이 제안한 "스위스 치즈 모델Swiss Cheese Model"은 여러 겹의 방어막치즈 조각들이 사고를 막지만, 각 방어막에는 구멍취약점이 있고, 이 구멍들이 우연히 일직선으로 겹치면 사고가 발생한다는 개념이다. 또한, 미국 안전공학자 하인리히가 1931년 제안한 "하인리히 법칙"은 고전 이론이지만 이마저도 지켜 지기가 쉽지 않다는 점이다. 1건의 중대사고가 발생 뒤에는 29건 경상사고, 300 건의 아차 사고near miss가 존재했다는 분석이었다.

그 해 한 해를 마무리하는 12월 성탄절을 며칠 앞두고 영국 런던 인근에 위치한 스탠스테드Stansted 국제공항을 이륙하던 B747-200 클래식 점보 화물기가 이륙 후 추락하는 사고가 연이어 발생하였다. 역시 이전에도 계기에 문제가 있었던 것이 최초 원인으로 확인되어,

방어막이 있었음에도 해결하지 못했다는 것이다.

M11 상하이 사고와 유사점을 내포하고 있었으며 휴먼에러는 항상 따라다녔다. 당시 영국 일간지는 사고를 대서특필하면서 대한항공 조종석에는 권위주의적 문화가 있다고 강조하였다. 끝나지 않는 충격적인 사고에 대한항공이 문 닫는다는 소문이 나돌고, 직원들은 회사 뱃지를 달고 다니기가 부끄러울 정도였다.

# 조종석 평화를 위한
# 행동

외환위기가 점차 회복 국면에 들어선 1999년 가을에 대한항공 조종사들은 신뢰 회복을 위한 자구책에 나섰다. 회사의 일방적인 경영 방식으로는 운항안전성을 유지하기 힘들다는 공감대가 형성되면서 조종사 노동조합 설립을 추진하게 된다. 군 출신들이 대부분 기장이었기 때문에 주도를 해야 했다. 회사 측의 완강한 저지에 소규모 집회를 이어 갔고, 스케줄 근무상 참석이 어려운 조종사들은 비행 중 준법 운항을 견지하면서 간접적으로 참여하였다.

몇 년간 대형 사고가 연이어 일어났던 것에 대한 조종사들의 입장이 회사 측에 전달되고 개선되기를 바라는 바였다. 영업실적위주의 경영방식이 무리한 운항을 요구하는 반면, 조종사들 비행 관련 훈련과 처우개선은 따라가지 못하였던 것이다.

특히 사고 책임을 조종사 개인의 문제로 덮고, 경영상 문제는 회

피하려는 처사가 조종사들의 울분을 자아냈다. 정부와 모든 방송매체는 집단 이기심으로 치부하였다. 상상하지 못한 조종사 파업이 현실화되는 상황이 다가왔다.

그 시기에는 조종사 노조가 정식인가를 받기 전이라 각 개인이 처신을 해야 했고, 모두가 직면한 자신의 일로 인식하고 행동했다. 지금 내 목소리로 뜻을 표현하지 못하면 힘겹게 쌓아온 길이 이 또한 안전하지 못할 것이라는 두려움이 비장함으로 바뀌었다.

국민 대부분이 부정적으로 바라보며 배부른 투정으로 여겼다. 이를 놓칠 세라 회사, 정부, 언론은 더욱 강하게 우리의 행동을 부정했다. 우리는 말없이 움직였다. 비행 스케줄이 없는 날에 집회 날짜, 시간, 장소가 정해지면 배낭에 침낭까지 챙겨서 떠났다.

와중에 나는 국내선 MD82 기종에서 국제선 B744점보 기종으로 전환과정에 들어갔고, 총파업 등 우여곡절과 집행부의 희생이 동반한 가운데 대한항공 조종사노조는 정부의 노조설립신고 필증발급으로 법적인 합법성을 힘겹게 인정받았다.

처음에는 따가운 시선으로 바라보았고, 파업으로 힘들어 했던 일반직 대부분의 직원들은 조종사들의 용기 있는 행동에 결국 내심 박수를 보내왔다. 이제부터 운항안전을 위한 새로운 발걸음이 시작된 셈이다. 조종사들과 협의 없이 안전관련정책, 근무조건, 노동권에 대한 일체를 회사는 일방적으로 시행할 수 없게 되었다.

2000년 6월에는 대한항공이 주도하는 세계적 항공 네트워크인 항공동맹체 "SkyTeam"이 공식 출범하였다. 이는 에어프랑스, 델타 항공 등 회원사들과 공동운항<sup>Codeshare</sup>을 통하여 전 세계 연계망을 확대하는 목적이다.


이에 델타항공은 공동운항에 앞서 대한항공에 대한 델타 오디트 <sup>Delta Audit</sup>를 시행했다. 최근 대한항공의 사고를 비추어 볼 때 델타항 공은 많은 부담을 갖게 되었다. 동맹체의 안전성 확보는 상호간 신뢰 를 바탕으로 하기 때문에 내부 사정을 들여다봄으로써 결점을 상호 보완하자는 뜻이기도 하다.

대한항공 입장에서 경영의도는 드러내고 싶지 않은 부분이 있을 것이다. 그러나 델타 오티트<sup>Delta Audit</sup>는 전 분야별로 강도 있는 감사를 요구했고, 특히 운항 분야는 안전 객관성을 위한 회사 차원의 담보가 약하다는 것이 첫 번째 이유이고, 또 하나는 권위적인 조종석 문화를 선진화된 분위기로 바꾸어야 한다는 주장이 그간 사고 사례를 통해 제기되어왔다. 예를 들어, 기장과 부기장 역할의 명확한 구분과, 비 행을 하는 PF<sup>pilot of flight</sup>와 비행을 모니터하고 조언하는 PM<sup>pilot of monitor</sup> 로 분담함으로써 안전성을 확보해야 것들이 한 부분이었다.

델타항공은 대한항공과의 공동운항 일시 중단을 고려할 정도로 매우 엄격한 감사 결과를 내놓았으며, 감사 이후 대한항공은 외국인 부사장을 영입하여 안전혁신 프로그램 <sup>Safety Innovation</sup>등 조종사 재교육 및 재인증 시스템 도입 등 대대적인 개선 작업을 시작하였다.

나는 B744 부기장 전환 훈련 중 새로운 훈련 시스템에 적응하도록 훈련 및 평가가 진행되었다.


연이은 대형사고를 겪은 후 조종사들의 몸부림은 빛을 발하게 되었다. 객관성이 보장된 훈련 분위기는 기장. 부기장이 서로 보완관계로 비행함으로써 안전성을 더욱 확보하게 되었다. 이런 과정은 젊은 세대의 부기장들에 의해 더욱 가속화된 것이 사실이다.

이전에는 군 출신이 대부분인 기장은 권위의 상징이었다. 조종석 군사문화의 시발이 된 것에 누구도 부인할 수 없다. 거기에는 계급적 사고, 특히 공군 전투기 출신들의 우월감 등이 부기장 하대로 이어지는 사례도 발생하였다. 단좌식에서 혼자 비행으로 몸에 밴 습관은, 복좌식으로 운영되는 여객기에서 상호 의견 교환이 동료가 아닌 일방적 지시 대상으로 보게 만든 것이다.

더구나 경비행기를 타고 경험이 부족한 젊은 부기장들은 위축되었고, 기장의 비정상 상황을 적극적으로 조언하기 어려운 환경속에서 비행한 것이다. 이런 원인 제공에 부채질한 회사의 조종사 관리도 한몫을 했다.

　항공사가 영업 확장 과정에서 많은 조종사 수급이 필요하여, 준비된 자원으로 군 출신들은 많은 혜택을 받고 입사를 하였다. 나도 그들 중 한 사람이지만 같이 입사한 공군 전투기 출신들과는 대우가 다르다는 것을 나중에 알았다. 그들을 입사 후 국제선 대형기 부기장으로 바로 갈 수 있도록 유인하였고, 육,해군,민간 출신은 국내선부터 경험을 갖게 되었는데, 델타 오디트는 이 부분에서 조종석의 문제점 중 하나로 보았다. 지금은 기득권 없이 군·민간자원 모두 똑같은 출발선에서 대우를 받는다.

# 꿈같았던
# 에어라인(Airline) 캡틴

점보비행기[B744] 부기장 5년차에 기장 승진을 위한 준비를 완료했다. 운송용[ATR] 면허 취득하고, 3500시간 비행 경력 확보 그리고 회사의 기장고사를 통과한 후 항로기장 [Route Captain]으로서 임무도 수행하였다. 국내선에서 타고 왔던 MD82는 모두 없어지고 B737로 대체되어 운항하고 있었다. 나는 기장승급 교육과정 B737 Type rating을 취득해야 하는 번거로움이 생겼다. B744점보 비행기를 타는 동안 자부심은 그 당시 큰 영광이었다. 4개 엔진을 장착하고 태평양을 논스톱[Nonstop]으로 가로질러 뉴욕까지 비행할 수 있어 20세기 최고의 걸작으로 평가받은 항공기이다. 세계 최대의 여객기로 5대양 6대주 하늘을 날아 다니면서 많은 경험을 쌓았다.

분쟁이 끊이지 않는 메소포타미아 문명 등 수천 년의 역사를 간직한 세계 4대 문명의 발상지를 거침없이 날아다녔다. 이라크 전쟁이 시작되자, B744화물기는 요르단 암만으로 미군 전쟁물자도 운송하였다. 미국으로부터 이름 모를 지대지 미사일 동체도 새벽시간에 부산 김해공항으로 운송했다. 방콕에서 코끼리, 미국 포틀랜드에서 경주용 말들, 덴마크 코펜하겐에서 김해로 초대형 선박 동력전달 장치인 대형 샤프트 등 영업이 되는 화물은 물불 가리지 않고 실어 날랐다.

그 화물기로 약 보름간 대서양을 가로질러 유럽으로 지구 한바퀴, 태평양을 건너 북미와 남미를 오가면서 지구 반대쪽을 돌아오는 여정 등은 가족의 소중함을 더 느끼게 했다. 국내선 기장으로 내려가니, 더 이상 가지 않아도 될 거 같은 기대에 부풀어 있다. 같이 입사한 공군출신은 기장 교육이 들어가기 전 B737 우측 좌석에서 부기장 경험 6개월 이상하고, 좌측 기장석으로 옮겨 교육에 들어가게 되어 있었다. 그들은 국내선 부기장을 거치지 않고 대형기로 바로 올라갔기 때문에, 많은 사고 이후 델타 오디트<sup>Delta Audit</sup>가 지적한 권고안을 따르게 되었다. 나는 최초 국내선 부기장 경험을 했던 이유로, B737 부기장석 경험 없이 바로 기장석에서 교육에 들어 갔고, 상대적으로 어려움은 더 컸다. 군에서 시작한 소형비행기 기장, 회전익항공기 기장, 소형여객기 부기장, 대형여객기 부기장을 거처 대한항공 정식 입사 8년 차에 B737여객기로 에어라인<sup>Airline</sup>캡틴 <sup>Captain</sup>이 되었다.

# 긴박했던
## 순간들(Episode 8 diff.)

　비행 가방을 끌고 가는 출근길은 늘 가볍지 않았다. 긴장을 하는 습관성 직업병 때문이다. 비행이 있는 전날은 모든 일상이 관리로 들어간다. 가능한 먼 이동을 자제하고, 먹는 것도 부담되지 않도록 조절한다. 당연히 저녁 술자리는 계획을 하지 않는다. 가족들도 내 비행 스케줄에 관심과 함께 협조한다. 날씨에 민감하고, 몸 컨디션은 비행의 바로미터가 된다.

　기장 입장에서 출근길에 중요한 관심사는 나의 파트너 부기장이다. 경험으로 봐서 부기장 역시 그러하다. 브리핑을 위한 미팅 자리에서 그의 첫인상은 여러가지 판단이 가능하다. 비행을 위한 첫만남에 나는 기준을 정했다. 내가 먼저 소개하면서 비행 미팅을 시작했다. 부기장이 기장의 건강 컨디션과 프로필을 확인함으로써 충분히 조언을 할 수 있는 사람이고, 기꺼이 받아 줄 수 있는 사람이라는 확신을 갖게 하는 것이 우선이라고 생각했다.

기장의 입장에서는 부기장 과거 프로필이 중요하지 않았고, 그러한 마음과 자세를 갖게 하는 것이 먼저였다. 비행 안전을 위해 매우 중요한 과정이라는 사실을 몸소 체험한 부분이다. 내가 부기장으로서 겪은 일부 기장들의 파트너에 대한 인식과 대우에 많은 실망이 있었기 때문이다. 좁은 조종석은 협력과 신뢰를 위한 공간이지, 일방적인 지시와 경직된 자리가 되면 안전 비행을 보장할 수 없는 경우가 생긴다.

이곳은 휴먼 에러<sup>Human Error</sup>를 방지하는 첫 관문이 된다. 올챙이가 성체가 되기까지 과정은 여러 단계를 거치는 데, 막상 본인은 유생시절을 망각하고 하늘에서 떨어진 신 같은 존재로 변신한 것이 과거 보아온 일부 기장들 모습이었다. 우리 모두가 엄청난 대가를 치른 경험이 있다. 운항 경험이 많은 기장들은 경험만큼이나 기억하고 싶지 않은 비행 사례도 있다고 생각한다. 나도 그중 한 사람이기도 하지만, 그간 경험한 긴박했던 상황 중 대표적 몇 가지 사례를 통해 회상해 본다.

## Episode 1. 이륙중지(Reject take off)

방심이 작은 실수를 만들고, 고리가 되어 굴러갈 때 사슬을 끊어버리지 못하면 화를 면하기 힘들다. 항공사에서는 CRM<sup>Cockpit Resource</sup>

Management이라는 시스템을 통해서 조종사 실수를 줄이고 비행 안전성을 높이는 관리를 하고 있다. 매년 1회 정기적으로 훈련참여를 통해 효율성을 제고하지만, 다양한 비행 환경과 예상치 못한 긴급상황은 또 다른 판단과 능력을 요구하기도 한다.

MD82 부기장으로서, 어느 날 국내선 비행을 위해 김포공항에서 비행 준비를 하고 있었다. 조종석에 들어가면 가장 먼저 확인할 것이 비행 기록부이다. 여기에는 해당 비행기의 이력이 상세하게 유지되고, 조종사들이 운항 중 결함 사항 등 사소한 느낌이라도 기록을 하게 되어 있다. 이에 정비사들에 의해 정비조치를 한 다음 결과를 기록 유지하고, 다음 운항을 준비하는 조종사들은 정비사로부터 보고를 받고 서명을 통해 항공기 인계인수가 완료되면 운항을 하게 된다.

특이한 사항을 발견하였다. 이전 비행 일본을 다녀오면서 이륙 후 구름 속을 통과하면서 엔진 착빙Icing 현상이 있었다는 기록을 발견하고 기장에게 알렸다. 정비조치가 완료되어 절차대로 출발을 위해 엔진 시동을 걸고 유도로 이동 시에는 특별한 징후는 없었다. 이륙을 위해 활주로 끝에서 추력을 증가하면서 활주 중 통상 이륙 시와는 다른 동체 진동이 감지되었다.

사실 덜컥거리는 소리는 활주로 중앙을 불빛으로 표시하는 활주로 등을 앞바퀴가 지나가면서 나는 소리와 유사하다. 하지만 알고 있는 정비 기록에 의하면 그냥 간과해서는 안 되기에 나는 즉시 기장에게 '진동이 많습니다. 이륙중지 하시지요!' 라고 속도가 더 증가하기 전에 강하게 조언했다.

이륙을 멈추고 계류장으로 다시 돌아와 다른 비행기로 교체하여 임무를 마쳤다. 이후 확인한 결과는 엔진 블레이드에 내부균열이 발견되어 완전 교체가 결정되었다. 계속 이륙하였다면 엔진이 정지하는 비상상황으로 이어지는 것은 자명했을 것이다. 활주로에서 최대 출력이 들어가고 속도가 증가하고 있을 때 이륙중단을 결심하기가 쉽지 않다. 이륙 속도 약 300km 가까이에서 이륙중단$^{reject}$은 활주로에서 자칫 큰 사고로 이어질 가능성 때문에 정기 훈련과정을 통해 시뮬레이션 훈련을 강도 있게 시행하고 평가하는 이유이다.

## Episode 2. 인도 하이데라바드 회항(Diversion)

2000년대 들어와 대한항공은 항공화물 운송 세계 2위 항공사가 되었다. 구형 점보인 B747-200와 신형 점보인 B747-400 등을 주력으로 화물기를 운영하고, 전 세계 곳곳에 군수물자를 포함하여 다른 항공사가 꺼려하는 물동량도 화주$^{貨主}$의 요구에 운송을 성공적으로 수행했다. 내가 타던 신형 점보 화물기는 인도 뭄바이$^{Mumbai}$

를 경유하여 중동으로 운항을 다수 하고 있었다. 항로기장으로 임무를 수행할 때 외국인 기장과 함께 뭄바이로 비행하던 우리는 목적지 기상상태가 구름이 낮고, 시정이 안 좋은 위성 기상 정보를 확인하고 여러 판단이 필요하였다.

우선 뭄바이공항에 착륙하기 위해서는 활주로 방향에 따라 가능한 계기접근절차가 있는지, 있다면 풍향과 풍속이 규정에 적합한지, 현재 기상으로 접근 착륙이 가능한 활주방향은 어디인지, 현재 터미널 기상정보<sup>ATIS</sup>에서 요구하는 활주로 방향은 무엇인지, 착륙해서 유도로를 사용하는 데 있어 대형기가 이용하는데 제한은 없는지, 마지막으로 항공고시보<sup>NOTAM</sup>를 확인하였다. 2개 활주로 중 사용가능한 1개 활주로는 공항 정밀접근<sup>ILS</sup>장비가 정비 중이라, 비정밀접근<sup>(LOC)</sup>만 가능함으로 접근하다가 최저강하고도 <sup>MDA</sup>에서 활주로가 안 보이면 복행을 해야 한다. 비정밀접근은 자동착륙을 못한다.

이런 현재 뭄바이공항 기상 조건에 착륙을 못할 수 있다는 가정하에서 복행 후 절차를 미리 준비해야 하였다. 이때 고려할 요소는 연료이다. 복행 후 착륙 재시도까지 공중 대기할 수 있는 시간에 따른 연료가 판단되어야 한다. 또한, 대체공항으로 회항을 할 경우까지 판단해서 복행을 해야만 한다. 이런 계획을 의논하고 뭄바이공항에 접근을 하였다. 비행 계획상에 대체공항은 약 2시간 비행거리에 위치한 동남쪽 첸나이<sup>Chennai</sup> 공항이었다. 당시 기장은 영국 브리티시 항공에서 근무 경험이 있는 영국 출신이었다. 그는 대체공항을 변경하자고 의견을 냈고, 결국 좀 더 가까이에 위치하고 기장이 잘 알고 있다는 동쪽 1시간 거리의 하이데 라바드<sup>Hyderabad</sup> 로 재선정했다.

우리 비행기는 접근 중 MDA<sup>최저강하고도</sup>에서 활주로가 안보여 복행을 했다. 뭄바이공항에서 재착륙 시도를 하려면 40분 이상 공중대기를 해야 한다는 공항관제사의 조언을 듣고 대체공항으로 재선정한 하이데라바드 공항으로 향했다. 하나의 활주로를 사용하고, 다수의 항공기가 순서에 의한 지연으로 인해 벌써 많은 연료를 소모하였다. 뭄바이공항 회사 지점장은 공중대기 후 착륙을 원했지만, 또다시 착륙을 못해 일어날 수 있는 리스크<sup>Risk</sup>을 고려한 최선의 선택이었다. 몇 시간 후 기상이 호전되어 뭄바이로 돌아와 안착하였다.

비행계획서상 목적지 대체공항 변경은 규정상 상당한 사유가 있어야 한다. 하이데라바드공항은 대형기인 B744 화물기 지원시설도 적절하지 않았다. 그런 이유가 이 공항을 비행계획서상 최초 대체공항으로 선정하지 않았던 것이다. 대체공항을 변경해야 했던 사유는 영국 출신 기장이 다녀 본적이 있는 익숙한 곳이고, 비행계획서상 첸

나이 공항으로 회항은 1차 복행 후 남은 연료로 안전성을 확보할 수 없다는 의미였다. 서울로 돌아와 대체공항을 변경하게 된 합당한 사유를 회사에 1차 보고하고, 추가 요구에 의해 국토교통부에는 상세히 보고하고 마무리되었다.


## Episode 3. 불편한 착륙방법(Firm landing)

국내선을 비행하다 보면 짧은 활주로에서 착륙 접지를 잘 해야 하는 부담이 많다. 특히 비나 눈으로 인해 활주로가 젖어 있으면 착륙 후 제동거리 길어져서 이탈할 수가 있다. 이런 취약 공항이 울산·포항·여수·양양 등으로 제원상으로는 문제가 없는 것으로 판단하지만 활주로 상태 등 외부조건에 따라 운항여부가 결정되기도 한다. 조종사들은 이를 대비 착륙 방법을 좀 달리하게 된다.

짧은 활주로에서는 부드럽게 착륙하는 것이 안전한 방법이 아니라, 약간의 충격적인 펌 랜딩<sup>Firm Landing</sup>을 함으로써 가능한 빨리 착륙바퀴가 활주로에 닿게 하여 제동을 시키는 것이 효과적이다. 부기장은 경험이 부족하다 보니, 기회를 부여하여 능력을 향상시켜야 하는 책임은 기장에게 있다. B737 항공기는 에어라인<sup>Airline</sup>경험이 부족한 부기장들에게 다양한 경험을 쌓을 수 있는 유용한 비행기이다.

어느 날 마지막 비행으로 부산에 도착하여 다음 날 아침 제주로

가서 국제선으로 전환, 베이징을 다녀와 제주에서 임무를 종료하고 승객으로 서울로 이동하는 스케줄이었다. 첫 구간인 부산 김해공항 야간 착륙은 기장이 수행하고, 나머지 세 구간은 부기장에게 기회를 부여하기로 했다.

그 세 구간은 부기장이 모든 비행을 주도적으로 하고 기장은 조언을 주는 정도로 비행하는 것이다. 부산 김해공항에서 오전에 이륙하여 부기장이 첫 구간인 제주공항을 내리는데 접지 전단계까지는 완벽하게 들어왔다. 착륙을 위한 첫 단계가 주어진 일정고도에서 강하율을 줄이는 것이 중요하다. 이 시점을 놓치면 하드 랜딩<sup>Hard Landing</sup>으로 충격을 받을 수 있기 때문이다. 제주공항 활주로는 여유가 있어 굳이 펌 랜딩을 요구하지 않는 곳으로 부드러운 착륙이 정상이다. 부기장은 이 시점을 지나 접지까지 강하율을 줄이는 테크닉을 전혀 사용하지 않아서 "꾸당탕" 소리와 함께 강한 충격을 주는 착륙을 해버렸다.


그 상황에 기장이 잘못 간섭을 하면 더 위험할 수 있어 비행기가 완전 접지 후 조종간을 잡았다. 사과방송을 하고 내린 후 국제선 절차에 따라 다시 베이징을 향해 이륙하였다. 베이징공항에 내리기 전에 주의할 점을 리마인드 시키고 착륙 단계에 들어갔다.

넓고 긴 활주로 임에도 제주와 비슷한 착륙이 이루어졌다. 나는 부기장의 문제점을 이해한다. 민간 경력으로 입사한 부기장은 B737 교육이 완료되고 100시간 이내로 저경력자이다 보니, 기장들이 착륙 기회를 부여하지 않아 능력이 많이 떨어져 있었다.

내가 항공학교 교관으로써 기준을 떠올리며 다시 한번 돌아오는 제주공항 착륙을 기대하기로 했다. 필요하다면 말로 부드럽게 착륙하는 조작<sup>Flare</sup>을 적극적으로 할 수 있도록 조언하기로 했다. 부기장에게 자신감을 갖게 하는 시점이 오늘이다라는 생각을 하였다. 마지막 제주공항 착륙 역시 하드 랜딩에 가까운 충격으로 활주로에 접지하였다. 승객들이 염려되어 객실 사무장에게 상황을 물어보니, 뜻밖에 대답이 '전부 중국 사람입니다'라는 것이다. 다친 승객 없으니 사과방송 안 해도 되겠다라는 이야기였다. 짧은 활주로에 그간 숙달된 결과인지 모르지만, 부기장의 이번 착륙 경험은 적지 않게 도움이 되었을 것으로 확신했다.

약 3개월 후 다시 만난 그 부기장에게 4Leg 전 구간 착륙을 맡겼고, 임무를 완벽하게 수행하는 모습을 보여 주었다.

## Episode 4. 태평양 섬나라 착륙(Palau)

비행 중, 어떤 상황에 직면했을 때 비행기를 멈추게 하고 처리할 수 없다. 따라서 시간을 잘 관리하면서 문제점을 해결하는 능력이 요구된다. 먼저 기장, 부기장은 상황을 공유해야 한다. 우선 순위에 따라 침착한 대처가 필요하고, 동시에 두 조종사의 업무할당이 이루어지며, 기장은 이를 주도한다. 무엇보다도 권위에 눌리지 않는 개방적이고 적극적인 커뮤니케이션이 관건이다.

언젠가 대한항공 B737비행기가 섬나라 팔라우<sup>Palau</sup>를 처음 취항하게 되었다. 내가 두 번째로 가는 거니까 대부분 조종사들은 처음으로 가는 노선이다. 인천공항에서 약 4시간 비행거리에 위치한다. 제주를 지나 동중국해를 거쳐 필리핀해로 진입하여 더 아래로 비행하면 괌 남서쪽과 필리핀 동쪽에 위치한 작은 섬이 있다.

서울 크기보다 작은 섬나라로 전 세계에서 스쿠버다이빙과 휴양지로 인기가 많은 곳이다. 활주로가 짧은 공항이라 중·대형기 취항이 어렵고, 170명 정도의 중·소형기를 운항하기로 하였다. 공항 사정이 특이한데, 여기는 공항관제탑이 없다.

더구나 공항 레이다가 없기 때문에 착륙 절차가 특이하다. 국토교통부에서는 특수공항이라 하여 자격을 갖춘 기장들만 비행하도록 하였다. 국내공항 운항에 비해 거리상 많은 연료 탑재가 필요함으로 실제 탑승객을 줄여야 갈 수 있는 거리이다. 법적으로 착륙 지연 혹은 회항에 대비한 추가 연료도 추가하였다.

팔라우공항에 착륙을 위해 접근하는 비행기들은 전리층을 이용하는 장거리 통신 HF<sup>High Frequency</sup>을 사용하며, 수천 km 떨어져 있는 태평양 건너 샌프란시스코에서 통제를 한다. 따라서 착륙을 위한 준비가 되고, 인가가 나면 조종사가 알아서 착륙을 해야 하는 공항이다.

그날 따라 HF통신이 잡음이 심해서 알아들을 수가 없었다. 요즘은 위성통신의 백업용으로 사용을 하지만, 팔라우는 HF가 필수 장비로 운영된다. 35,000피트 상공에서 강하를 해야 하는데 인가 여부를 알 수 없어 고도를 내릴 수 없었다. 부기장과 짧은 시간 고민과 의논 끝에 고도를 유지하고 팔라우 상공으로 가기로 했다.


일단 35,000피트로 팔라우 직상공으로 가서 공중선회를 하면서 HF통신으로 샌프란시스코 radio를 불러 보았지만 들리지 않았고, 팔라우공항에 위치하며 조언을 줄 수 있는 사업자에게 UNICOM이라는 무전통신을 통해 인가 여부를 확인하였다.

결국은 10km가 넘는 공항 직상공에서 타원형을 그리며 강하를 하였고, 우리 비행기가 착륙을 하여 계류장에 들어온 후 이륙을 해야 하는 유나이티드 항공 B737항공기가 계류장에서 출발대기를 하고 있었다.

그 고도를 내려와 착륙에 약 15분 이상 소요되었으며, 심야 시간임에도 활주로 등만 설치된 짧고 열악한 공항이었다. 관제탑을 운영하지 않는 아일랜드 공항에 처음 착륙한 나와 부기장은 혼쭐난 기분이었다. 대개 처음으로 운항하는 항로와 공항은 도상 연구를 철저히하였지만, 실 상황에서 예상치 못하는 변수에 대처하는 능력은 기장의 경험과 CRM이 크게 작용한다고 볼 수 있다.


## Episode 5. 비엔티안공항으로 긴급 회항(Diversion)

조종사들이 겪는 대부분의 긴급한 상황은 예상치 못하게 발생한다. 징후가 나타나고 예측이 되는 경우는 사전 조치를 통해 불안 원인을 제거하거나 최소화로 운항을 결정한다. 기상도 목적지 도착 시간 예보를 판단하여 출발시간 결정과 목적지 대체공항 선정을 고려한다.

4시간 반 정도를 비행하는 베트남 북부 하노이를 가는 날이었다. 브리핑실에서 만난 부기장과 평소처럼 준비된 비행서류를 점검하고 기상과 NOTAM<sup>Notice to airman</sup>등을 확인하였다. 동남아 지역은 몬순기후<sup>Monsoon Climate</sup>의 영향을 강하게 받는다.

여름철에는 고온 다습하여 많은 비가 집중되는 경우가 있다는 점을 브리핑 시 꼭 이야기를 하게 된다. 인천공항 출발 전 6시간 간격으로 갱신하며 예보된 하노이공항 TAF<sup>Terminal Aerodrome Forecast</sup>을 확인한 결과 도착시간 기상은 운항에 큰 지장이 없어 정상적으로 이륙하였다.

약 2시간이 지나 중국 광저우 상공을 지날 무렵 선행하던 아시아나항공 여객기가 항로 관제기관과 교신에서 홍콩으로 회항한다는 소리가 들려왔다. 즉시 하노이 실시간 기상정보 <sup>METAR</sup>를 확인하니 착륙 불가한 폭풍우 수준의 비가 바람을 동반하고 있었고, 이런 이유로 하노이 공항은 일시 폐쇄되었다.

즉시 대한항공 통제센터에 확인을 하니 중국 관제기관으로부터 재인가를 받아 베트남 남쪽에 위치한 다낭<sup>Danang</sup>공항으로 목적지를 변경하라는 통보였다.

기장 입장에서 고려할 사항이 한둘이 아니었다. 아시아나항공과 같이 가까운 홍콩으로 회항하여 기상이 호전된 후 다시 출발하면 좋을 텐데, 회사는 다낭공항을 교체공항으로 이용하는 것이 최선이라 판단하였다. 현 위치에서 항로 사용 인가를 득하여 디렉터<sup>Direct</sup>로 가면 연료 문제가 없을 듯하지만, 비행관리를 자동으로 관리하는 FMS<sup>Flight Management System</sup>상으로는 최소 연료 상태에서 착륙해야 한다는 계산이 나왔다.

이것은 리스크<sup>Risk</sup>이고 부기장과 나는 불가하다고 결론 내렸다.

그러는 동안 광저우 관제구역을 한참을 지났고, Danang으로 요청한 인가는 중국에서 허락하지 않았으며, 베트남 공역에서 다시 요청하라는 것이었다. 하노이 도착 1시간이 채 남지 않았다. 우리는 착륙할 공항을 아직 확정하지 못했다.

중국 난닝<sup>Nanning</sup>을 지나면 베트남 영역으로 진입과 동시에 바로 고도 강하를 하여야 하는데, 하노이공항은 일시 전면 폐쇄 상태이다. 피가 마르는 듯, 시간은 초단위로 흘러간다. 두가지 선택지를 우리는 믿었다.

하나는 베트남 공역에 들어가 즉시 다낭<sup>Danang</sup>으로 회항 인가를 득하고 연료 리스크가 있어도 간다. 또 하나는 회사는 언급 안 했지만, 비행계획서에 명시된 목적지 교체공항 라오스 비엔티안공항으로 회항하는 방안이었다.

당시 우리나라 항공사는 라오스에 취항하지 않았다. 베트남 공역에 들어서 즉시 다낭 직항로 인가를 요청하니 그쪽에는 비행기들이 많이 몰려 있다며 바로 "Say your intention?"라 묻는다. 나는 지체 없이 계획한 비엔티안공항 기상정보와 함께 나의 의도를 말했다.

베트남 관제사로 부터 비엔티안공항 인근 항로상 한 지점<sup>Waypoint</sup>을 받았고, 우리는 더디어 확실한 목적지가 정해졌다. 이어서 처음 착륙하는 비엔티안공항 정보를 재확인하고 FMS에 입력을 통해 항공기 착륙 능력을 계산해야 했다.

하노이 인근을 지나는 동안 불안전한 기류로 승객에게 안전벨트를 강조하고, 회항 가능성은 미리 알려 주었지만, 사무장에게 비엔티안으로 회항<sup>Diversion</sup>에 따른 승객 착륙 준비를 위임하고 부기장과 나는 비행기 착륙 준비에 집중했다. 착륙 준비동안 나는 위성데이터 통신을 이용하여 회사 통제센터<sup>Operation Center</sup>에 비엔티안으로 회항한다고 보고했다.


뜻밖에 회신은 "왜 그쪽으로 가느냐, 비엔티안공항은 패쇄<sup>Closed</sup>되었다. 다시 말한다. Danang공항으로 가라!"라는 위성데이터 영문 메세지가 활주로 가까이 접근 중에도 계속 날아왔다. 우리는 신경 쓰지 않았다. 도움이 안 된 회사의 판단이었고, 믿을 수 없었기 때문이다. 비엔티안공항에 착륙하니 심야시간이라 공항은 조용했고, 우리 비행기만 승객들과 있었다.

그제서야 나는 기내방송 인터폰 키를 잡고서 승객들에게 상황을 알릴 수 있었다. 등에 땀이 흠뻑 젖어 시트색이 변해 있었다. 관제탑 근무자가 조종석에 와서 US 100$을 요구한다. 이유를 물었더니 자기들 초과 근무라 규정상 받는다며 영수증까지 챙겨 주었다. 우리 모두들은 기내에서 대기하며 하노이공항 날씨가 호전되기를 기다렸다.

동틀 무렵 비엔티안 공항을 이륙하였고, 이른 아침 하노이공항에 내리는 순간에도 비는 그치지 않았다. 하룻밤을 꼬박 뜬 눈으로 세운 승객들과 승무원들이다. 푹 쉬고 난 후, 나는 저녁을 한식당에서 현지 한식당 삼겹살 파티로 승무원들에게 감사 표시를 했다. 서울 회사로 돌아와 운항보고서를 육하원칙에 의거 보고했다.

회사는 더 이상 이 보고서에 대해 추가 내용을 요구하지도 않았으며, 나도 당시 OC근무자가 비행계획서 상에 대체 공항이 아닌 Danang공항으로 그렇게 까지나 왜 회항을 요구했는지 묻지도 않았다. 나는 절차상 문제가 없었고, 기장과 부기장이 당연히 수행해야 하는 업무이기 때문이다. 내가 만약에 Danang공항으로 회항하면서 착륙 후 연료 잔여량이 규정상 최소 이하였다면, 사고에 준하여 교통부의 법적 처벌을 받았을 것이다. 완벽에 가까운 조종석 CRM 수행으로 안전관리를 극대화한 것으로 생각되었다.


## Episode 6. 이스탄불 이륙 중 엔진 이상

태평양을 논스톱으로 횡단하여 뉴욕까지 갈 수 있는 비행기는 점보 비행기라 불리는 B744 항공기가 유일하였던 시기가 있었다. 엔진이 4개이라 하나가 꺼져도 정상운항이 가능하도록 설계되어, 지금도 각국 정상들이 전용기로 사용하고 있다. 나는 B744항공기를 타면서 에어라인 조종사로서 많은 경험을 하였다.

주로 여객운송, 때로는 화물운송, 세계 곳곳 처음 가는 곳이 대부분이었고, 매달 비행스케줄이 공지되면 기대도 있지만, 비행 전 도상연구를 세심하게 해야 했었다.

이런 경험을 토대로 약 3년간 B737항공기 기장을 실수 없이 수행하였고, 더디어 B777대형 항공기 기장이 되었다. 보잉 시리즈 중에서 당시 최신 버전인 B777항공기는 엔진이 2개이지만, 그 능력은 4개 엔진과 맞먹는 출력과 안정성을 갖고 있어서 논스톱으로 태평양을 건너 뉴욕을 운항할 수 있다. 연료 절감 등 항공사 영업상 많은 장거리 노선이 B777 항공기로 넘어오면서 운항 스케줄에 많은 변화가가 생기게 되었다.

그간 가끔 운항한 이스탄불은 많은 관광들이 찾는 곳으로, 2015년 이스탄불 G20 재무장관. 중앙 은행 총재회의가 열렸다. 우리나라 대표로 회의에 참석한 최경환 부총리와 이주열 한국은행 총재가 우리 비행기로 귀국하게 되었다. 이분들이 빨리 가고 싶다고 통상적인 절차가 아닌 조기 기내탑승을 한다고 연락이 왔지만, 일반 승객이 탑승을 완료하고 서야 정시에 탑승구를 빠져나왔고, 이륙 활주로 끝으로 가는 긴 유도로에 들어섰다.

이때 비정상적<sup>Nonnormal</sup>인 메시지가 보였다. 부기장에게 체크리스트를 요구하고 계속 Taxi 중 상황을 주시하면서 MEL<sup>Minimum Equipment</sup>

<sup>List</sup>에 명시된 요구사항이 충족한 사실을 부기장과 확인하고 이륙을 결정하였다. 이륙을 위한 최대 출력을 들어가고 비행기가 공중 부양하는 동시에 우측엔진 계기 색깔이 서서히 붉게 변하고 있었다.

이 증상은 엔진 Over heating으로 보이는데, 이륙 구간에서 추력을 줄이는 조작을 할 수가 없어 일단 고도를 취하는 것이 우선이라 판단했다. 엔진이 꺼질 수 있다고 하더라도 기다렸다. 이륙 무게 300톤 이상의 기체는 이륙 경로를 따라 올라가 안전 고도를 확보했다.

이제 우측 엔진이 문제가 생기더라도 안전하게 조치할 수 있다는 안도감이 생겼다. 계속 상승을 하면서 지켜본 결과는 엔진에 무리가 생긴 것이다. 엔진 계기는 계속 붉게 나타났고, 회사 OC에 위성전화로 상황을 통보하였고, 착륙 시까지 약 9시간을 긴장할 수밖에 없었다. 계기를 잘못 리딩 Reading 해서 발생할 수 있는 오류를 막기 위해, 이런 상황에서 침착하게 조종석 CRM을 유지하는 것이다.

이는 기장과 부기장은 상황인식Situation Awareness을 하였고, 이어 안전고도 확보를 위한 의사결정Decision Making을 하였으며, 엔진 추력상실 Failure시 대비 지속 적으로 의사소통Communication을 유지하였다. 리더십 Leadership 및 팔로우십Followership은 변화하는 상황에 유연하게 대응 Adaptability할 분위기를 만든 또 하나의 사례였다.

## Episode 7. 시카고 이륙 중 고도위반(Violation)

세계에서 가장 혼잡한 공항 중 하나인 시카고 오헤어국제공항에서 발생한 위반 사항이다. 따라서 이 공항은 매우 주의를 요하는 공항으로, 다양한 비정상 사례는 의외로 운항이 많고 익숙한 공항에서 다수 발생했다는 통계가 있다. 당시 회사 자료에도 인천공항과 미주에 운항 횟수가 가장 많은 앵커리지공항에서 일어났다는 보고가 있었다.

이유가 여러가지 있지만, 익숙한 공항에 대한 조종사들의 늦춰진 긴장감에서 찾을 수 있다. 그날 시카고 공항은 부기장이 이륙하도록 했다. 기장의 역할은 지상에서 이륙준비가 FMS<sup>Flight Management System</sup>에 잘 입력이 되었는지 확인하고, 부기장이 수행하는 이륙 관련 브리핑 내용에 강조할 사항이나 추가할 내용이 있는지 확인하는 것이다.

놓쳐서는 안 될 사항은 서로가 'Confirm'이라는 용어를 복창함으로 실행하게 되어 있다. 모든 출발 준비가 완료되고 유도로를 이용하여 이륙 활주로에 들어서면서 절차를 재차 확인한다. 우리는 관제탑으로부터 이륙 지시를 받고 순조롭게 상승하고 있었다.

이 공항의 SID<sup>Standard Instrument Departure</sup>는 관제 탑 Radar에서 방향 Heading 지시를 받아 주어진 고도로 상승하는 절차로 되어 있다. 전 세계 공항마다 SID가 상이하므로 항시 주의 있게 차트<sup>Chart</sup>를 읽어야 하고 비행기에 적용해야 한다. 시정이 좋은 날씨였고, 그날 따라 가까이에는 항적을 그리는 비행기는 없었다.

관제사 목소리가 약간 톤이 강조된 목소리로 들렸다. "Maintain 5000feet"라고 하는 순간 고도가 4000feet를 통과하고 있었다. 나는 즉시 MCP<sup>Mode Control Panel</sup>에 고도를 5000feet로 돌려 Set했으나, 초과 300feet정도 통과하였고, 다시 5000feet를 유지하였다. 즉 최초 5000feet를 지시 없이 더 이상 올라가지 말라는 SID절차를 위반한 것이다. 최초 지상 브리핑에서부터 확인하고 MCP 패널에 Set 되어 있어야 하는데, 이를 놓쳤다. 다행히 주변에 비행기가 없어서 TCAS<sup>Traffic Collision Avoidance System</sup>는 작동하지는 않았다.


나는 부기장과 비행계획서 상의 고도를 Set하고 수정하지 않았다는 상황을 인지하고 관제사의 지시에 다시 고도 상승을 받아 인천공항에 안착했다. 여러 번의 확인 기회가 있었음에도 적극 방지하지 못한 아쉬움이 많이 남았던 비행이었다.

항공 등 고위험군에서 인적 혹은 시스템 오류로 발생하는 사고 과정을 설명한 이른바 치즈 이론<sup>Swiss Cheese Model</sup>이 여기에 해당된다. 치즈 겹겹이 방어층이 있음에도, 최종적으로 이륙 전까지 확인을 제대로 못해서 뚫린 치즈 구멍을 통과한 오류라 볼 수 있다. 몇 달 후 시카고 공항 당국으로부터 고도위반 통지를 받았고, 나와 부기장은 절차가 까다롭다고 소문난 도쿄국제공항으로 재심사 비행을 다녀와야 했다.

## Episode 8. 워싱턴 지연운항(MEL)

워싱턴 덜레스<sup>Dulles</sup>국제공항은 버지니아주에 위치하며 워싱턴DC 수도권을 대표하는 공항으로 국제선 위주이며, 유나이티드 항공의 허브공항이다. 세계 주요 도시와 직항으로 연결되어 있어 각국의 외교적 업무에 중요한 공항으로 이용되고 있다. 워싱턴 덜레스공항에서 출발하여 인천 공항으로 갈 때는 북극항로<sup>Polar Routes</sup>를 사용한다. 이는 북극권을 경유하여 대륙을 횡단하는 항로로써 거리가 단축되어 시간과 연료를 절약하기 위해 사용된다. 북극항로를 운항하는 항공사는 특별한 Polar Operation 승인을 받고 조종사 북극비행을 위한 교육, 특수 방한복 탑재, 비상 식량, 위성 통신장비 등을 탑재하고 허가된 항공기만 운항할 수 있다. 또한 북극항로 운항 시 우주 방사능 노출은 중요한 항공안전 및 승무원 건강관리 이슈가 되고 있다. 미 동부에서 출발하는 비행편의 경우 회사는 월 1회 이상 편성되지 않도록 하고, 승무원별 누적 방사선량 모니터링을 하고 있었다.

워싱턴 덜레스 공항 출발 준비가 완료된 우리 비행기는 이륙을 위해 활주로로 이동하고 있었다. 이륙 활주로에 거의 도착할 즈음, 객실 뒤쪽에서 부르는 인터폰이 울렸다. 객실 승무원은 뒤쪽에서 타는 냄새가 난다는 것이다. 조종석 계기상에는 이상 징후가 없었다.

비행기를 유도로에 정지하고, 사무장을 통해 좀 더 정확한 상황을 알아보도록 하였다. 뒤쪽에서만 기름 타는 냄새가 난다는 것이다. 나는 부기장과 협의 후 일단 게이트로 돌아가기로 하였다. 비행에 관련한 사항이면 MEL<sup>Minimum Equipment List</sup>를 적용하여 최소 조건이면 운항할 수 있다. 그러나 이 상황은 타는 냄새를 어떤 징후로 봐야 할지 판단이 되지 않아 현지 정비사를 통해 확인할 수밖에 없었다. 위탁 정비를 하는 유나이티드 항공 정비사가 원인을 찾고 보니 객실 공기를 순환시키는 2개의 모터 중에 하나가 탔다는 것이다. 북극항로 비행이니, 그는 모터 교체를 권장하였고, 부품을 공급받아 교체하는 데 하루가 소용된다는 것이다.

회사 OC에 사실을 알리면서 회사 정비 담당자의 의견을 들어본 결과 의견이 상이했다. 모터 하나로 운항이 가능하다는 이야기였다. 이렇게 의견이 다르고 북극항로를 운항해야 하는 기장으로서 어려운 판단에 놓였다. 기장의 결정에 따라 하루를 지연시켜서 승객들의 불편을 초래할 수도 있었다.

승객을 태운 상태에서 이륙이 지연되면 미국공항의 규정상

Tarmac Delay절차를 따라야 한다. 승객을 태운 상태에서 4시간 이내에 이륙을 못하면 과징금이 부과되는 규정이 있다. 나는 이것에 대비해 사무장에게 시간별 조치사항을 준수토록 지시하고 운항에 관해 다른 조종사들과 의견을 나누었다.

북극항로에는 유사시에 비상 착륙이 가능한 공항이 선정되어 있다. 거리가 멀고 현지 직원이 없는 공항 착륙시 승객지원시설, 정비 문제 등 회사의 입장에서도 어려운 점이 많아 그야말로 긴급사항이 아니면 꺼리는 실정이었다. 나는 OC 운항관리사에게 시간이 더 걸리더라도 북극항로가 아닌 아래쪽 NOPAC<sup>North Pacific Route System</sup>항로 쪽으로 비행로를 잡아서 비행계획서를 만들도록 다시 요청했다. 연료 소모가 많고, 시간이 더 소모되기 때문에 회사는 많은 추가 비용을 고려해야 한다.

운항관리사는 30분 더 소요되는 NOPAC항로에 선정 비행 계획서를 보내왔다. 3시간이 지나 연료 추가보급 후에 이륙하였고, 약 16시간 후 인천공항에 안전하게 착륙하였다. 안전운항을 위한 최선의 선택은 기장 단독으로 끌어낼 수 없다. 이륙 전 냄새가 난다는 객실 승무원의 보고로부터 시작된 상황은 여러 구성원들의 유기적인 협력의 결과이다. 이 또한 CRM의 유용한 가치였다.

# 오로라(Aurora)가 위로한
# 팬데믹 하늘

2020년에 들어서면서 코로나19의 공포가 점점 확산하기 시작하였다. 항공사 및 여행업계는 계약을 취소하는 사태가 발생하고 공항 발걸음은 점점 줄어들었다. 급기야 항공사는 운항 편수를 줄이면서 일부 기종은 운항을 정지하고 발을 묶어야 했다.

항공사는 승객과 화물이 줄어 영업에 큰 타격을 받게 되니 인건비를 줄이기 위해 가장 먼저 직원 감원대책을 추진하게 되었다. 일부 직원은 명예퇴직, 희망퇴직을 유도했지만, 조종사들은 연장 계약 없이 정년 해당자들을 퇴직조치 하였다.

초대형 항공기 A380과 B744 등 일부여객기들은 장기 계류장으로 옮기고, 해당기종 조종사와 객실 승무원들은 기약 없는 집대기에 들어갔다. B777화물기는 물동량이 생겨서 비행 횟수는 줄어들지 않았다. 편수를 감소시켜 여객 운송하는 뉴욕 등 주요노선은 연료 효율이 좋은 B777여객기를 대체하였다.


　　그해 3월이 들어오면서 이탈리아에서 코로나 확산 소식이 들렸다. 확산일로를 차단하는 대한민국 방역에 세계가 주목하는 가운데 나는 KF95마스크를 끼고 비행을 하였다. 점차 공항에는 인적이 드물고, 비행 나가는 조종사들만 가끔 보여 적막감이 돌았다. 화물기로 밀려든 물동량을 처리할 수 없어 여객기를 승객 없이 화물전용으로 수송하는 구간이 생겼다.

　　오정기 여객기로 운송했던 화물이 밀리고 쌓여서 부득이 화물기로 활용하는 구간이 점차 증가하고 있었던 것이다. 3월 초 비행스케줄이 앵커리지, 댈러스를 경유, 마이애미. 브라질 상파울루. 칠레 산티아고. 페루 리마. 로스앤젤레스 거처오는 15일간의 화물기 운항이 계획되었다.

　　곳곳에서 업무상 여러 사람들과 접촉을 피할 수 없는 조건에 불안감을 감출 수 없었다. 수십 장의 KF95마스크와 비상식량을 준비해야 했다. 대부분 호텔에서는 제한되고 통제된 식사만 가능하지만, 어느 곳은 문 밖으로 나오는 자체를 금지하고 룸<sup>Room</sup>으로 배달하는 음식만 먹어야 하는 경우도 있었다.


　　B777화물기는 중간 기착지인 플로리다 마이애미에 도착하였다.

일행은 칠레에서 체류 4일간 어떻게 지낼 것인가를 의논하였다. 일반적으로 체류 시간이 길면 나누는 이야기이지만, 코로나 상황이기에 모두들 특별한 계획은 없는 듯 하였다.

나는 기간 중 산티아고 골프장에서 보낼까 해서 이미 준비를 하고 왔다. 각자 나름의 체류 계획은 가지고 있었지만, 한 부기장이 가진 계획은 세계 3대 폭포 중 하나인 이구아수 폭포 Iguazu Falls 다녀오고 싶다는 것이었다. 우리는 기회가 자주 오는 것이 아니라는 사실을 잘 알고 있었기에 다녀오기로 결정했다.


칠레 산티아고에서 비행기로 아르헨티나 부에노스아이레 스로 들어가 다시 국내선 비행기로 이구아수로 이동해야 한다. 그러다 보니 부에노스아이레스에서 들어가고 나갈 때 2박을 계획해야 했다.

마이애미를 출발 전에 항공편과 숙박장소, 역사적인 볼거리, 음식점, 전통 춤 탱고를 감상할 수 있는 소규모 장소인 밀롱가 Milonga 라는 곳을 물색하였다. 마이애미를 출발한 B777화물기로 안데스 산맥을 넘어 착륙한 칠레 산티아고 공항 분위기는 의외로 코로나 확산과는 사뭇 다르게 조용해 보였다.

다음 날 우리는 계획대로, 아침 일찍 공항에서 아르헨티나항공을 타고 부에노스아이레스로 향했다. 우리가 전날 화물기로 넘어온 험준한 안데스 산맥을 넘는 아르헨티나항공 B737항공기는 힘겨운 듯 날아가고 있었다.

안데스 산맥을 넘어 아르헨티나의 넓은 평야가 보이고, 목초지에는 수많은 소떼들이 풀을 먹고 있는 광경이 비행기 창가에서도 보였다. 한때 세계 10위의 부국으로 경제, 사회, 문화면에서 세계적으로 번영을 누렸다.

수도 부에노스아이레스는 남미의 파리로 불리며 대형 오페라 극장, 거리의 탱고, 새로운 개념을 추구하는 아방가르드 예술 등이 번성했었다. 1950년대 이후 정치적 불안과 1980년대 IMF 구제금융까지 받으며 경제위기가 심화되어 옛 영광은 사라지고, 우리 기억에 남미 축구의 나라, 마라도나, 메시로 이어지는 명성만이 남아 숨쉬고 있다. 부에노스아이레스 공항에 입국 수속을 하는 동안, 공항직원이 이탈리아에서 입국한 승객들을 한 방향으로 안내를 하고 있었다. 당시 코로나 확산이 빠르게 진행된 이탈리아를 의식한 조치인 듯했다. 복잡한 입국 수속을 마치고 우리는 공항을 나와 택시를 타고서 예약해둔 작은 호텔로 이동했다. 인터넷으로 본 호텔 모습에 비하면 실망스러운 시설이었다. 짐을 풀어 놓고 가벼운 차림으로 시내 구경 겸 저녁을 위해 나섰다. 거리와 건물 곳곳에서 번영했던 도시라는 느낌을 받았다.

우리는 소고기 스테이크로 유명하고 마라도나가 자주 찾았다는 레스토랑에 갔다. 아르헨티나 소고기가 이렇게 부드럽고 맛있나 싶을 정도로 기름기는 적고, 담백하고 질리지 않았다. 자연 방목을 통해서 생산한 신선한 느낌 그대로였다. 값도 저렴해 돌아오는 마지막 날에 그 레스토랑에 다시 들렸다.

다음 날 국내선 비행기로 이구아나로 이동했다. 장대한 이구아수 폭포를 감상하며 세계 3대 폭포 중 나이아가라 폭포에 이어 두 번째 폭포를 보게 되었고, 아프리카에 있는 빅토리아 폭포는 후생에 기약해야 할 거 같다. 저녁을 먹고, 우리는 저렴하게 예약한 밀롱가<sup>Milonga</sup>로 탱고 감상을 하러 갔다.

입구부터 실내가 고풍스러운 작은 카페 같은 분위기에 앞쪽에는 작은 공간을 두고 대여섯 개의 원탁 테이블이 놓여 있었고, 첼로와 바이올린 그리고 피아노 연주자가 대기하고 있었다. 사회자의 간단한 소개와 함께 남녀 댄서가 등장하고, 탱고는 강렬하면서도 감정이 깊은 정열적인 리듬으로 작은 무대를 꽉 차게 만들어 잊을 수 없는 시간이었다. 관광객들을 위한 이러한 장소가 차 한 잔을 놓고 문화를 접할 수 있는 곳이어서 만족스러웠다.

산티아고로 돌아오는 부에노스아이레스 공항은 이틀 사이에 많은 변화가 감지되었다. 출국 관련한 공항검역이 강화되어 줄이 이어졌고, 산티아고 입국시에는 전에 없었던 검역 서류가 생겨서 한참을 작성한 후 호텔로 돌아왔다. 며칠 사이에 칠레당국도 코로나 확산에 대비하는 모양새였다. 우리는 잘 다녀왔다는 기분 뒤에 남는 아찔한 또 다른 느낌을 지울 수 없었다. 다음 날 로스앤젤레스에는 페루 리마공항에서 일부 화물을 내린 후 약 10시간이 걸려 도착하였다. 다시 남미를 돌아 입국한 미국의 분위기도 코로나 방역이 강화된 상태였다.

다운타운 호텔에 여장을 풀고 나는 단골 레스토랑인 Original Pantry Cafe에 갔다. 100년의 역사를 가지고 많은 사람들의 추억을 남기고 있는 유명한 곳으로 나도 20년 넘게 다녔다. 도착한 그날 아침 상황은 달랐다. 365일 24시간 영업을 하던 이 가게도 오늘은 Take out만 가능하다는 메모가 입구에 붙어 있었다.

문을 열고 들어가니, 의자는 각 테이블에 전부 올려져 있었고, 큰 카메라 앞에 마이크를 들고 서있는 FOX 방송 기자가 있어서 휴대폰 카메라로 찍어 두었다. 요청한 팬케이크와 계란 프라이, 프렌치토스트와 커피를 가지고 호텔로 돌아와 TV를 틀어 FOX 방송을 보니 트럼프 대통령이 미국 전역에 비상사태를 선포하였던 것이다. 그날이 정확히 기억되는 서부 시각 3월 13일이었다.

아침 토크쇼 방송에는 지금까지 어떤 경우에도 축소 영업을 하지 않았던 Original Pantry Cafe가 영업시간을 단축과 포장만 가능하다고, 나와 마주친 기자가 방송을 하고 있었다. 보름간의 비행에서 돌아온 인천공항은 적막 강산寂寞江山이란 표현이 어울리게 비행기 입출항도 인적도 뜸했다. 집으로 돌아온 나는 현관에서 옷을 다 벗고 바로 샤워를 한 후 며칠간 독방에서 지냈으며, 식사는 가족들이 먹고

난 후 혼자서 먹어야 했다.

그해 5월은 정부 공인으로 나는 60세 정년이다. 코로나 팬데믹은 계약직 연장을 어렵게 하고 있었다. 2020년 1월 기준 정년 해당자부터 초대형 여객기 A380 기장들을 중심으로 대부분 간소한 퇴임식을 맞이하였다. 3개월 사이에 계약자가 다른 기종에서 1명 있었고, 내가 타고 있는 B777에서 4월 해당자 2명이 계약이 되지 않았다. 따라서 5월 해당자인 나는 사실상 한 달 동안, 퇴직 이후 계획을 구상하며 가족과 머리를 맞대고 있었다. 2개월 전 연장 근무를 위한 신체검사를 완료하였고, 여러 추가 구비조건들이 문제가 없으나 회사의 경영상황은 어쩔 수 없었다. 마지막 정년 비행이 파리로 계획이 되었고, 코로나 확산방지 등을 고려하여 퇴임 행사 준비는 하지 않기로 했다. 팬데믹이라는 세계적인 감염병의 대유행 앞에서 인간은 무력할 수밖에 없다.

정년 7일을 앞두고, 파리 비행 전날 회사에서 연락이 왔고, 다음 달부터 3년간 계약직 근무하게 되었다는 소식이다. 반가운 마음 한편으로는, 어느 정도 정리하였는데, 갑갑한 이 상황을 또 겪어야 한다는 사실이 달갑지만은 않았다. 이전 비행으로 인도 뉴델리 체류중 3일간 폐쇄된 호텔방에서 감금되듯 지내야 했던 무척 괴로운 기억이 떠올랐다. 코로나가 언젠가는 끝나겠지만, 새로운 출발 앞에서 감사하는 마음으로 파리 비행을 다녀왔다.

여객기가 다니던 구간이 취항을 못하니 화물은 계속 쌓였다. 화물기로 수요를 감당할 수 없어서 새로운 아이디어가 동원되었다. 이른바 여객기를 화물전용으로 사용하는 것이었다. 여객 좌석을 떼어내고 특별한 안전 기준을 적용하여, 의류제품 등 부피는 있어도 비교적 가벼운 화물을 적재하였다.

태평양을 건너 미주로, 또는 천산을 넘어 유럽으로 향한 화물은 코로나 전에 비해 7~8배의 운송비가 더 요구되어 항공사 이익이 증가되었다. B777 조종사들은 법정 근무 시간을 최대한 적용하면서 밤과 낮 경계 없이 하늘을 날았다. 나름 건강관리를 한다지만, 자주 바뀌는 체류지마다 다른 시차는 나의 생체리듬을 흔들어 놓았고, 불규칙한 식사 시간은 더 빈번하게 이루어졌다.


운항 횟수가 늘어난 화물기는 복수의 경유지를 거쳐 최종 목적지에 도착하는 경우가 대부분이기 때문에 그러했다. 끝 모르는 팬데믹으로 다수의 조종사들이 코로나에 감염되었고, 대체 근무로 인해 피로도는 증가되었다.

미 동부에서 알래스카로 오는 캐나다 북극상공에서는 연보라, 청록, 핑크, 파랑이 혼합된 신비롭고 몽환적인 오로라 Aurora 무리가 몇 시간 내내 비행기를 따라붙어가며 전면과 좌우에서 춤을 추었다. 귀국하는 길목에서 위로를 받는 느낌이었다.

계절은 비행기가 가는 곳에 따라 변한다. 여름에도 패딩을 준비하였고, 일교차가 심한 경우는 계절의 변화만큼이나 몸에 영향을 주니 팬데믹 상황에 더욱 신경 쓰게 되었다. 수 없이 날아다니는 동안 우크라이나 전쟁이 발발하였고, 몽골 상공으로 유럽으로 가는 우랄 산맥은 더 이상 넘을 일이 없었다. 해가 몇 번 바뀌어 팬데믹 영향을 조금 벗어날 무렵, 결국 나는 코로나에 걸려서 며칠 동안 홍역을 치렀다.

북극 비행 중 마주친 춤추는 오로라

# 퍼스트 클래스 품격은
# 배려

　장거리 국제선을 취항하는 대형기 기종의 여객기에는 대개 3등급의 좌석이 배치되어 있다. 일반석이라 불리는 이코노미 클래스<sup>Economy Class</sup>, 2등석은 비즈니스 클래스 <sup>Business Class</sup>, 그리고 일등석 퍼스트 클래스<sup>First Class</sup>이다. 대체로 가까운 곳이나 단체로 외국여행을 갈 때는 굳이 비싼 좌석이 필요치 않다.

　노선마다 차이는 있지만 2등석만 해도 일반석의 2배 이상이니 경비절감도 고려해야 한다. 그간의 경험으로 볼 때, 자주 비행기를 이용하는 사람들은 대체로 일반석을 선호하는 경향이 있다. 2등석 이용승객은 여유 있는 사람들 중 가끔 여행하는 경우 아니면 사업상 여행하는 회사 대표와 중역들이 많이 이용하는 편이다.

　때로는 장관급에 준하는 공무원들과 국회의원들이 공무상 이용하는 경우가 있다. 마일리지가 많아서 그간 쌓인 포인트로 업그레이

드하여 이용하는 승객도 있다.

일등석 승객들을 시대가 변하면서 계층과 연령이 많이 바뀌고 있는 추세이다. 과거에는 우리가 이름만 대면 알만한 대기업의 총수와 가족들, 정치가, 유명 스포츠 선수와 연예인, 고소득 전문직 그리고 가끔 일부 국가원수와 관료들도 이용하였다. 요즘 들어서는 고소득 밀레니엄 세대들이 증가하면서 일등석 점유율 비중이 증가하였다.

남성의 비율이 우세하나, 점차 고소득 전문직에 종사하는 여성들의 비율이 높아지면서 그 비중도 증가하는 추세이다. 또한 글로벌 항공사들은 럭셔리 경험을 중시하는 고객 층을 겨냥한 고급스러운 좌석을 준비하고, 맞춤형 기내식 등 개인 서비스를 제공하는 등 차별화를 시도하고 있다.

"비싼 좌석에 앉은 사람"이란 이미지의 일등석 승객들은 과연 어떤 모습으로 여행을 하는지, 시대가 그 이미지도 변화시킬 수 있지만, 보편적인 기준으로 본 느낌이라면 이들에게는 단순히 높은 가격의 좌석을 이용하는 것 이상의 "품격"이라는 단어가 어울리는 승객들이 종종 보였다.

자비로 이용하거나 회사비용으로 출장을 가든 경제적으로 여유 있는 사람들은 분명하다. 이들은 우선적<sup>Priority</sup>으로 탑승 대상이지만,

여유롭게 순서를 지키며 질서를 유지한다.

탑승 중에는 동승객이나 승무원과의 대화를 낮은 목소리로 나누며, 승무원들의 안내와 서비스에 감사하다는 표현을 잊지 않는다. 당연하게 받아야 하는 비용의 대가이지만, 그들은 필요시 정중한 요청으로 승무원들을 배려하는 자세를 견지하고 있었다.

더욱이 식사 후에도 정리정돈과 개인 공간을 깔끔하게 유지하려는 모습이 보인다. 읽을 책을 항상 옆에 두고 있는 경우를 자주 목격된다. 이들은 시간만 나면 독서를 통해 지적 자극을 추구하고, 업무와 관련된 최신 정보를 얻기 위해 노트북이나 책을 가까이하는 모습이었다.

그들은 주변의 탑승자를 배려하면서 승무원들의 업무적인 서비스에 칭찬과 감사를 아끼지 않는다. 승객의 품격을 좌석으로 단언할 수 없다. 타인을 배려할 줄 아는 사람들의 자연스러운 행동일 수도 있기 때문이다.

내가 분명하게 정리한 것은, 어떤 클래스Class이든지 품격 있는 승객이 앉으면 최고의 좌석이 된다. 과거 땅콩 회항 사건을 통해 그릇된 일등석 승객을 전 세계인들이 기억하고 있다.

# 팬데믹 속 정년비행,
# 그리고 엔데믹의 종료

IMF 금융위기 시기에는 56세까지 근무하는 직장인에게 "오륙도" 라는 웃지 못할 말이 있었다. 그 나이가 당시 정년이기도 했지만, 어려운 국가적 경제위기에도 직장 생활하는 사람들을 부러운 나머지 은어같이 쓰였던 적이 있다. 정년을 채우는 사람은 도둑 취급을 받을 정도로 민심도 흉흉한 시기라 보면 이해가 되는 부분이다.

내가 2020년 60세 정년을 맞이하는 시기에는 코로나19가 전세계로 확산되어, 과거 일부국가 IMF금융위기와는 차원이 다르게 국가 간의 교류가 봉쇄되어 경제적으로 힘든 상황을 맞이하게 되었다. 모든 나라들은 국가적 차원에서 코로나 방역과 차단에 집중하게 되고, 급기야 항공교통은 크게 줄어 들었으며, 전 세계공항들은 한산한 나머지 발이 묶여 계류되어 있는 비행기들로 즐비하였다.

당시 팬데믹 상황이 아니었다면, 5월 말에 있을 정년행사를 나름 뜻있게 준비하려고 마음먹고 있었다. 마지막 비행 시 회사에서는 기본적인 준비를 해 주지만, 환갑의 날이기도 해서 게스트를 초대하여 감사와 영광의 자리를 함께하고 싶었다. 모든 것이 무산되고 계약직으로 출근하는 것으로 대신하게 되었다.

여객기 수요가 줄어들거나 중단되었고, 초대형기를 비롯한 일부 기종은 발이 묶여 있었으나, B777 여객기와 화물기는 쉼 없이 팬데믹 속에서 그 공간을 메꾸어 왔다. 인도 뉴델리는 봉쇄가 심해 취항하던 화물기도 경유를 하지 않고, 베트남 하노이를 이륙하여 파키스탄과 아프가니스탄 카불 상공을 가로질러 오스트리아 비엔나로 향했다. 이 와중에 러시아와 우크라이나 전쟁이 또 다른 변수로 떠올랐다.


중국과 몽골, 우랄산맥을 거쳐 러시아를 관통하여 유럽으로 비행하던 항로가 중단되었다. 2시간이 더 소요되는 아래쪽 우회 항로는 중국 서쪽 우루무치를 지나 천산산맥을 따라 키르기스스탄, 카자흐스탄, 우즈베키스탄, 투르크메니스탄을 거쳐 카스피해와 이스탄불 상공을 이용하여 유럽을 오고 갔다. 격전지의 일부인 흑해 남쪽 상공을 지나는 동안에는 위성항법장비인 GPS 간섭을 지속적으로 받아 조종석에서는 항로 이탈에 대비하여 관제기관과 협조하며 안전을 확보하기 위해 애썼다.

팬데믹 장기화되면서, 체류하는 호텔에서도 통제가 심하였다. 초기 방콕공항 인근 호텔 체류기간에는 음식을 룸으로 트레이를 이용하여 넣어주었다.

문 앞에 놓아두었다고 연락오면 가져다 먹고 다시 밖으로 내놓고 하였다. 하루에 한 번씩 코로나 항원검사를 받아 코와 목이 얼얼하였고, 음식은 가관이었다. 다양한 종류의 맛있어 보이는 음식으로 보였으나, 신선도가 떨어진 폐기 직전의 식재료를 사용한 듯 먹을 수가 없을 정도였다.

3일간 거의 먹지 못할 정도여서, 이후부터 비상식량이 필요하다고 생각되어 치웠던 체류용 산요SANYO장비 등을 다시 꺼냈다. 쉽게 끝나지 않을 코로나 사태에 대비하는 것이 현명한 방법이었다. 화물기가 취항하는 공항이 새로 생기면서 체류기간이 길어지고 생존에 필요한 대비가 더욱 필요했던 것이다. 출국시에는 데우기만 하면 쉽게 허기를 달랠 수 있는 즉석식품과 캔종류를 챙기야 했다. 현지에서는 구입 가능한 달걀을 삶아서 식혀두면 아주 유용한 생존 식품이 되었다.


2021년 봄날 러시아 상트페테르부르크에서 근무하던 큰아들이 코로나에 감염되어 1달간을 숙소에서 격리 치료를 받고 있었다. 러시아는 병원 격리를 할 수 없어 숙소에서 일주일에 한 번 방문하는 의사를 통해 진료 처방을 받고 있었다. 혼자 고통을 참고 음식을 해결해야 하는 여건을 애처롭게 치켜볼 수밖에 없었던 부모의 마음이 힘들었다. 한국에서는 코로나 감염자들의 통계와 희생자 소식을 수시로 접하고 있었으나, 러시아는 감염자와 환자 통계조차도 정확하게 내지 못하는 실정이었다. 우리나라의 방역체계보다 훨씬 뒤처진 곳에서 팬데믹을 견뎌야 하는 상황에 현대 자동차 등 한국기업들도 버티기가 어렵게 되었다. 결국 1개월을 코로나와 싸운 큰아들을 귀국시키기로 결정하였다.

인천에서 러시아행 항공편은 이미 끊어졌고, 터키항공이 이스탄불을 모스크바에서 운항하고 있었다. 이스탄불을 경유하여 인천공항에는 24시간만에 도착하였다. 입국 후 우리나라 방역당국의 조치에 따라 14일간 격리 후 집으로 귀가할 수 있었다.

예전에 유럽보다 더 유럽 같은 상트페테르부르크를 가족과 여행을 한적이 있다. 큰아들이 근무를 하고 있었고, 겸사해서 핀란드 헬싱키를 돌아왔다. 북유럽은 신선하고 삶의 가치를 추구하는 여유로움이 많은 사람들이 사는 곳이라는 느낌을 많이 받았다. 큰아들은 그곳에서 살고 싶다는 이야기를 종종했다. 이제는 우크라이나와 러시아의 전쟁이 이어지면서 점점 멀어지는 곳이 되어버렸다.

오른쪽 가슴에 붙어 있는 은빛 조종사 날개가 40년이 되었다. 숱한 인연과 사연들은 비행기가 순간 지나간 한 도시의 역사처럼 스쳐 갔다. 낮과 밤이 바뀌듯이, 삶의 한 구석에는 빛과 어둠도 있었다. 어릴 적 내 머리 위를 낮게 날아 간 UFO 같은 물체가 꿈이었는지 생시인지 정확하지는 않지만, 아직도 또렷한 기억은 나의 비행과 무슨 연관이 있지 않을까 생각해 봤다.

저고도 하늘에서 점차 높이 고고도로 날아올랐다. 푸르게 펼쳐진 창공은 드넓은 자유와 희망 그리고 가능성을 열어주었다. 대한항공 근무 27년은 가슴에 품었던 결과적 산물이었다. 수많은 승객의 꿈, 그리고 애환을 싣고 세계의 도시를 다녔다. 군軍에 봉사도 하고, 민간인으로서 국위선양國位宣揚도 한 느낌이다. 내 몸이 힘들어지기 전에 하늘에서 내려오는 것이 나 자신과의 약속이었다. 마침 그 시기가 도래하였고, 엔데믹은 그 기준을 제시했다. 아내는 어려운 고비마다 현명한 선택과 결심을 뒷받침해 주었다. 건강한 신체를 주시고 노심초사하신 부모님 은혜는 그 하늘 길보다 높았다.

마지막 비행, 런던행 출근 날 아침. 아내의 눈빛이 여느 출근때와는 다르게 밝아 보이더니 눈가에 이슬이 맺혀 있었다. 결혼 이후 35년간 출근을 지켜왔으며, 숱하게 가슴 졸이며 안전한 귀가를 바라며 기다렸을 것이다. 엘리베이터 문을 잡고서 나의 마지막 출근길을 핸드폰 카메라에 담았다. 2020년 60세 정년 비행시에는 그야말로 약소하게 입국장에서 기념 사진 촬영으로 끝냈다. 그때 가족들은 참석하지 않기로 했는데, 아쉬운 나머지 작은아들이 마스크로 무장하고 마중을 나왔었다.

이후 악몽 같은 코로나를 거치며 엔데믹 전환 공식 날짜 1주 전인 2023년 5월 5일부로 계약직 연장 3년을 끝으로 하늘 근무에서 영원히 내려오게 되었다.

퇴직 비행 하는 날 B777 조종석에서

이번에는 종료비행終了飛行이란 뜻있는 의미를 만들고 싶었다. 이 나이가 되고 보니, 앞으로 평생 함께 같이 갈 친구들이 소중하다는 생각을 많이 하게 되었다. 매주 참여하고 있는 동기생 합창단, 골프 모임으로 자주 만나는 동기생과 친구, 고교동창, 최초 비행을 같이한 조종동기생을 초대하여 밥 한끼 대접하고 싶었다.

헤아릴 수 없이 다녀갔던 런던 히드로공항은 세계에서 가장 혼잡한 공항으로 유명하다. 조종사들도 이착륙시 긴장할 수밖에 없는 이유가 앞 비행기와 착륙간격이 좁아서 활주로 가까이에도 여차하면 복행할 준비를 해야 한다.

그만큼 많은 비행기가 이착륙을 하기 때문에 비정상적인 상황도 다반사이다. 이번으로 나의 런던 비행이 마지막이니, 적적한 때에 자주 들렸던 시내를 나갔다. 27여 년 전을 그리면서 또 다른 추억을 담고 싶은 충동이다.

런던 지하철은 튜브Tube라 불리는 세계에서 가장 오래된 지하철이 1863년에 처음으로 개통되었다. 터널을 원형 튜브 모양으로 파냈다고 해서 붙인 명칭이다. 차량 내부공간이 매우 좁은 느낌이고, 시내 역마다 가파르게 오르고 내려가는 에스컬레이터와 좁은 통로는 마치 방공호를 연상케 하였다. Green Park역에서 내려 공원을 지나 버킹엄<sup>Buckingham</sup> 궁으로 향했다.

버릇처럼 되어버린 시내 나들이 코스였다. Hyde Park를 걷다가 들리기도 하지만 그날은 특별한 날이다. 2022년 엘리자베스 여왕이 서거로 인해 찰스3세 공식 국왕 즉위를 앞두고 대관식 준비가 한창이었다. 많은 인파와 버킹엄 궁전과 트래펄가 광장을 연결하는 더 몰<sup>The Mall</sup> 거리 양쪽에는 세계의 각 나라 대형 국기들이 도열하여 나부끼고 있었다.

인근 역사 깊고 아름다운 세인트 제임스공원을 따라 빅벤<sup>Big Ben</sup> 까지 걸었다. 도중에 로얄 홀즈가즈<sup>Royal Horse Guards</sup> 에서 근위병 교대식을 보고 말에 탄 근위병과 기념 사진도 남겼다. 다시는 오지 않을 곳이라 생각하니 곳곳이 더욱 정겹게 느껴진다. 마지막으로 웨스트민스터 브리지에서 빅벤과 템즈<sup>Thames</sup> 강 그리고 런던아이 <sup>London Eye</sup> 를 눈에 담고서 허기를 채우러 갔다.

2023년 5월 2일 저녁시간 런던 히드로국제공항을 이륙하였다. 한국은 새벽시간이다. 러시아와 우크라이나가 전쟁 중이라 흑해 인근을 지나는 항로는 GPS교란을 받을 것이 분명하다. 전쟁 전 다니던 러시아 항로보다 2시간이 더 소요되었다.

그간 이라크 전쟁지역, 아프가니스탄 전쟁지역, 이스라엘 지역을 포함 중동 분쟁 지역을 비행하는 동안에는 인접 국가들 간의 불편한 관계가 심각하다 보니 마음 편할 날이 없었다. 참혹한 민간인 희생과 무너져 버린 인권 앞에서 평화를 부르짖으며, 전쟁을 벌이는 모순된 지도자들의 양면성에 비참한 마음이 들었다.

5월이 시작된 그날, 눈부시게 잔설로 덮인 장엄한 천산 산맥을 비행기가 닿을 듯 넘었다. 한 고비를 지나니 중국 신장 위구르 자치지역의 세계최대의 모래로 이루어진 타클라마칸 사막이 나타나고, B737 운항 중 우루무치 체류 때 가보았던 이 지역과 천산 천지天地를 아래로 보고 나면 이어서 내몽골 자치구까지 이어지는 중국최대의 고비사막이 끝없이 펼쳐져 있다.

이쯤해서 내리기 전에 가벼운 식사를 마치고 착륙 준비를 하기위해 기상정보 등 자료를 종합하여 비행기에 적용시키고 브리핑을 했다. 인천공항에 점점 다가오니 알 수 없는 또 다른 긴장감 속에 사뿐히 조종간을 내려 놓았다.

마지막이 분명하니 즐기자는 생각이 들었다. 예전에 선배 기장들 종료 비행 행사에서 여러 번 진행을 담당했던 경험이 있다. 셀프 진행을 하기로 하고, 종료비행을 축하해주는 가족. 동기생. 합창단. 동료. 친구들을 위해 공간이 확보된 손님 맞이 식당을 섭외해 놓았다. 손님이 다 내린 후 비행기를 떠나기 전 함께 마지막 비행한 객실 승무원들과 기념사진을 남겼다. 입국장에 들어서는 순간 한 울림 합창단의 "Stein Song<sup>우정의 노래</sup>"이 힘차게 울려 퍼지고 나는 함께 부르며 한사람씩 손을 잡았다.

1983년 5월에 시작한 작은 비상飛上은 소설 속 "조나단 리빙스턴"이 추구한 것처럼, 자신만의 방식으로 나는 것, 더 높게 나는 것, 자유롭게 존재하는 꿈을 실현한 갈매기 주인공이 된 듯하였다. 분명한 것은, 틀을 벗어나 미지의 영역에 대한 갈망이 있어 꿈을 이루게 되었다. 처한 상황에 긍정적으로 접근한 결과이다. 매사 과신하는 것은 두려움으로 다가왔고, 합리적으로 가려는 내 자신을 믿어 왔던 결과라 생각했다.

입국장 천장을 뚫은 듯한 울림이 벅차게 느껴졌다. 평소에도 그간 삶을 공감하고 평생 함께 소통할 동기생 친구들과 나를 위한 자리를 만들고 싶었던 소망이 이루어졌다. 식당 공간에 마련된 피로연 자리에서 대과大過 없이 지나온 40년에 대한 감회를 밝히면서, 가족과 합창단 그리고 참석한 조종 동기생 및 친구들에게 무한한 감사의 뜻을 전했다.

퇴직 비행을 함께한 운항 및 객실 승무원

# 6부

# 인생 그랜드슬램을
# 위하여

# 도전!
# 제2의 인생

　"해안 소대장 경험, 기장 생활에 큰 도움"이란 표제로 2017년 3월 28일자 국방일보 15면에 나와 관련한 기사가 실렸다. 어느 날 국방일보 관계자로부터 한통의 전화를 받고 고민을 한 적이 있다. 어디서 추천이 들어왔는지는 모르지만, 육군 항공장교 출신이 대한항공 대형기 기장으로 근무하고 있다는 제보가 국방일보 한 면에 기사거리로 충분하다고 판단했는지 인터뷰 요청이 없다.

　내가 현역으로서 대한항공에 입사한 마지막 케이스로서 그 세월도 당시 기준 20년이 지났다. 기간 중 육군항공 조종사가 입사한 사례가 전무하여 관심의 대상이 되었고, "job 스토리 기획"란에 인터뷰 내용이 게재되었다. 해군과 공군 조종사로서 고정익<sup>비행기</sup> 조종사들은 민간항공사에 입사하는 경우가 매우 자연스러운 현상이지만,

육군항공은 AH-64등 공격헬기와 CH-47, UH-60, 수리온 등 기동헬기를 운영하고 있어도 조종사들은 회전익<sup>헬리콥터</sup> 조종 경험만으로는 입사에 제한을 받아왔던 것이다.

육군에서 조종사가 되는 과정은 임관 후에 전투병과에서 소대장을 1~2년 수행한 자들에게 항공장교로서 진출할 수 있는 자격을 부여해 왔다.

내가 해안소대장으로 근무하고 민간항공사로 진출한 과정이 현역 장병들에게 희망의 메시지가 되었는지는 알 수 없지만, 책임감, 리더십, 소통능력, 배려 등 군생활에서 익힌 덕목들은 사회의 어떠한 위치에서도 매우 필요하다고 강조하였고, 수백명 승객의 안전을 지키는 조종석에서도 적용하고 있음을 피력했었다.


제1의 인생은 군軍을 통해서 시작되었다. 명예와 자부심, 국가에 대한 충성심으로 지냈다. 조직에 룰을 깨는 자체를 죄의식으로 생각하고 따랐다. 그러나 군의 특성상 인적관리에 따라 원치 않는 전역을 할 수 있다는 사실에는 대체적으로 자신에게 관대했던 것이 사실이다. 다수가 군軍은 제2의 인생을 보장하지 않는다는 명확한 사실을 잊고 지낸다. 큰 울타리 보호막에서 안주하는 특성이 존재한다. 군사정권에서는 군이 사회를 계도하고 조직관리에 모범이던 때가 있었다. 지금은 과거와 달리 군 출신에게 환대를 하지 않고 있다.

여기에서 생각해야 할 핵심은 바로 전문성이다. 군 생활을 통해 사회에서 인정받을 수 있는 능력을 항상 준비해야 하는데, 여건상 부족한 경우가 대부분이다. 나는 인터뷰를 통해 '플랜 B'에 대해서 이야기했다. 과정과 고비마다 준비해야 하는 일종의 인생 비상계획으로, 차분하고 현명하게 설계하고 준비해야 한다는 점을 강조하였다.

평소 책무를 소홀히 하지 않고, 언제나 최선을 다하는 자세가 밑바탕이 되어야 계획을 성공시킬 수 있다고 생각한다. 분야마다 차이는 있겠지만 돌이켜보면, 그 전문성을 완성하려면 적어도 5년, 10년 단위가 적절한 거 같다.


'도전<sup>挑戰</sup>'이라는 단어 앞에서는 두려움이 따른다. 퇴직 후 가슴 벅차게 또 다른 삶을 위한 도전을 하고 있다. 내 가슴이 뛰는 한, 가야 할 길일지도 모른다. 지금까지 그랬듯이, 앞서지 않고 서두르지 않으며, 흙길을 걷는 마음으로 천천히 가고 싶다. 잎새에 이는 바람결과 세파<sup>世波</sup>를 조금씩 느끼며 삶의 가치를 찾아 여행길에 오르려 한다.

● 도전! 제2의 인생  대한항공 기장 이재성 (예)육군소령

이재성(예비역 육군소령) 대한항공 기장이 이륙하기 전 보잉777기 조종실 내에서 포즈를 취하고 있다.                                       이재성 기장 제공

# "해안 소대장 경력, 기장 역할에 큰 도움"

"기장은 CEO와 같은 역할을 합니다. 항로를 따라 운항하는 것은 물론이고 승무원의 업무를 컨트롤하고 안전 문제를 비롯한 항공기 안에서 벌어지는 모든 일을 책임지는 자리지요. 군부대 지휘관과 비슷한 자리라고 할 수 있습니다."

26년 차 대한항공 기장 이재성 (57)씨는 육군 항공 출신이라는 흔치 않은 이력을 지니고 있다. 하지만 시작은 보병(육군3사관학교 18기)이었다.

"보병 장교 시절 해안 소대장을 했어요. 그때 기억이 참 많이 남고 또 그때 경험이 기장 생활에 큰 도움이 됩니다. 대부분 조종사는 조직을 운영해본 적은 없잖아요? 그러나 보니 다양한 사람들을 통솔하는 데 어려움을 겪기도 하지요. 항공학교 교관까지 경험했으니 저는 참 운이 좋았다고 생각합니다."

그가 조종사가 된 것은 우연만은 아니었다. 어릴 때부터 동경하던 하늘을 나는 꿈을 실현할 기회가 왔을 때 주저 없이 지원했고 이후 10여 년간 헬기(500MD, UH-1H)뿐 아니라 고정익 항공기(O-1 A)까지 다

양한 기종을 거쳤다.

"제가 육군에서는 고정익 항공기를 조종한 마지막 세대예요. 육군 조종사 출신 경력으로 일반 항공사에 입사한 것도 마지막이고요."

이제는 육군 항공 출신이 민간 항공 조종사가 되려면 비행스쿨에서 항공기 운항 시간을 채우고 면허를 따야 한다. 시간도 최대 2년까지 걸리고 비용도 만만치 않다. 이 기장은 후배들이 자신과 같은 길을 거쳐 민간 항공사에 입사할 수 없다는 걸 알기에 함부로 추천하기에는 조심스럽고 미안한 마음이 든다고 했다.

"하지만 충분히 도전해 볼 만한 일이라고 생각합니다. 사실 헬기나 고정익이나 비행

하는 능력은 다를 바 없어요. 다만 일반인과 같은 조건에서 시작한다고 해도 똑같은 조건은 아닌 거죠. 스스로 자신감과 확신을 가지세요. 가슴이 뛴다면 움직이세요. 내 앞에 있는 문을 여는 것은 자신입니다."

사실 그 자신도 지금의 위치에 오르기까지 많은 갈등과 어려움이 있었다. 육군 항공 출신 조종사에 대한 견제가 있었던 것도 사실이다. 때문 그 시선을 극복하지 못하고 퇴사하는 동료도 보았다.

"조종 능력도 필요하지만 리더십도 중요합니다. 조직원들 간에 소통과 배려 등이 잘돼야 훌륭한 기장이 될 수 있어요. 이 부분은 육군 출신이 가지는 무기 중 하나입니다."

이 기장은 마지막으로 제2의 인생을 설계하는 후배들에게도 조언했다.

"군 복무에 최선을 다한다고 해서 미래 준비를 게을리해서는 안 됩니다. 구체적인 계획, 가능하면 플랜A, 플랜B가 있으면 더욱 좋습니다. 등 떠밀려 전역한다고 생각하지 말고 희망찬 내 일을 설계하는 사람이 되기 바랍니다."

박지숙 기자

국방일보 기사(2017.03.28)

# 준비된 퇴직,
# 새로운 출발선

대한민국은 2025년 UN의 기준에 따른 초고령사회에 진입하였다. 65세 이상의 인구가 국민 전체의 20% 이상이다. 초고령사회는 여러 분야에서 의미하는 바가 크다. 단순히 노인이 많은 사회로 접근해야 할 문제가 아니다. 경험 많고 지혜로운 시니어 세대가 중심이 되는 사회로 인식해야 할 시점이다.

국민 건강을 위한 국가 의료체계 발전과 함께 건강한 노년을 보내고 있는 것이 사실이다. 따라서 여유롭고 활기찬 노년, 인생 2막을 준비할 수 있도록 다양한 정책과 사회 인식이 필요하다. 다만, 여기에는 개인별로 단계적인 준비가 필요하다. 아무리 좋은 정책이 있다 해도 각자가 지향하는 삶의 방향이 다르기 때문에 은퇴 후의 준비된 결과 역시 다양하게 나타난다.

설계된 삶이 필요하다는 이야기이다. 여러 공적 연금이 있지만,

퇴직자 초기 대부분의 생각은 최소 생활비로 여기고 있다. 특히, 다수의 국민연금 수급자는 용돈 수준에 불과한 실정이기에 더욱 그러하다. 보다 중요한 부분일 수 있는 초고령사회의 가치 있는 삶을 어떻게 만들어 갈 것인가에 관심을 가져야 한다.

나는 마흔 후반에 들어서면서, 별탈 없이 정년까지 근무를 하더라도 먹고 살 수 있겠나라는 자문<sup>自問</sup>을 크게 한 적이 있다. 아들 둘을 키우면서 이래저래 씀씀이가 많아 생각을 못했던 부분이 걱정으로 다가왔다. 대학 입학을 앞둔 두 아들에게 약속하듯 당부하였다. 유학을 가더라도 대학졸업시까지만 부모가 지원하겠다는 말을 꺼냈다.

당시 어떻게 받아들였는지는 물어보지 않았지만, 이후 우리 가족은 가계 긴축과 정년까지 재정관리를 설계한 계기가 되었다. 모든 물품 구입에는 할부를 쓰지 않고, 일시불 처리하였다. 적은 은행 대출 원금도 가능한 빨리 우선적으로 처리함으로써 불필요한 이자를 지출하지 않도록 하였다.

주변 많은 사람들이 재테크 붐으로 신축 아파트를 사거나 평수를 늘리고, 부동산 투자를 이야기하고 있을 때이지만, 금융권 대출 없이 목돈을 만드는 것은 쉽지 않았다. 부채로 이어지는 악순환은 만들지 말자는 것이 아내와 나의 확고한 신념이었다.

봉급 수령자로서 절세와 효율적 관리가 10년 후 정년을 1년 앞둔 2019년 이른바 퇴직 보금자리에 입주하였고, 계획은 성공적이었다고 자평하게 되었다. 그 진행 계획 중에는 국민연금, 개인연금, 퇴직연금, 기타소득 등으로 연금층을 튼튼하게 쌓아 놓는 것이 포함되었다. 더구나 코로나19 기간 중 추가적인 계약직 근무 3년은 더욱 견고한 은퇴를 보장하게 되었다.

내 인생 1막에서는 스스로를 챙기지 못한 채 살아왔다. 가족, 일, 책임, 생존을 위해 달려왔고, 정작 자신을 위한 투자와 관리는 후순위였다. 나를 위한 무대를 만들고, 이제라도 진짜 내 삶이 시작되는 가치 있는 무대를 완성시켜야 한다. 누군가는 한번의 우승으로 만족하지만, 나는 네 번째 결승을 꿈꾸고 있다.

골프 선수가 네 번의 메이저대회 우승을 이루고 얻는 그랜드슬램처럼, 내 인생에도 지금까지 세 번의 큰 순간이 있었다. 청춘에 꿈이 있어 도전하여, 중년에 성취하였고, 늦게나마 황혼에 깨달음이 있었다. 마지막 남은 것은 사회적 나눔을 위한 발걸음이다. 회고하면, 청춘의 꿈과 도전 역시 미래를 준비하는 일종의 보험 같은 것이었다. 많은 리스크 Risk를 내포하고 있어도, 결과에 앞서 그 과정 속에서 나를 바꾸는 힘이 생겼듯이, 또 새로운 출발선에 섰다.

# 내 삶의 멘토가 된
## GOLF

나는 초등학교 5.6학년 때에 체격이 좋아 보인다는 이유로 핸드볼 선수로 뛰어본 경험이 있다. 다른 구기종목에 비해 체력 소모가 많아 빨리 지치기 일수였다. 전원 수비 공격을 해야 하고, 몸싸움이 심해서 부상 위험이 많았다. 어릴 적 이런 경험을 통해 극기를 배우고, 팀워크의 중요성을 인식해 왔다.

비상대기가 많았던 군軍생활 특성상, 한동안 즐겼던 테니스를 통해서 내 안에 나를 다스리는 것을 배우고, 스포츠 매너의 기본을 몸에 익혔다. 내가 골프라는 운동을 시작하게 된 계기는 이것들과는 다르다. 막연한 느낌으로 다가온 미래에 대한 꿈 같은 것이었다.

더구나 누구의 권유로, 좋아하는 선수가 있어서, 새로운 취업의 기쁨에, 경제적 여유가 있어서, 주변에 다들 즐기고 있으니까 등의 이유가 아니었다. '나는 골프를 즐기고 살아가는 사람이 되어야겠다'라는 단순하지만 분명한 느낌에서 출발했다.

서울의 한 지하연습장에서 처음 골프채를 잡았고, 벽만 보고 한 달을 치다가 가르치는 레슨프로의 얼렁뚱땅한 행동을 보고 더 이상 배워야 할 의미가 없었다. 이후에는 교육비를 지불하고 레슨을 받아보지 않았다. 저렴한 골프채를 구입해서 송파 소재 군 골프장에 있는 9홀 퍼블릭 코스로 혼자서 무조건 달려가 체험을 하기로 하고 조인 플레이를 했다. 티 박스에 처음으로 올라보는 순간에 떨리고, 막막했던 느낌은 지금도 잊을 수가 없다. 심지어 골프채를 싸고 있던 비닐도 제거하지 않고 클럽을 꺼냈고, 칠 때마다 벗기는 해프닝이 있었다. 홀로 울타리를 벗어 나려는 몸부림이었다.

내 인생은 골프라는 추진동력을 장착하고서, 대한항공 입사를 통보 받았다. 취미로 시작한 대부분의 골퍼Golfer들 과는 좀 다르게, 내 삶의 한 부분에서 숨을 골라주는 파트너로서 골프를 바라보았다. 결정을 내리기 전에 감정을 가라앉히고, 마음을 정리하는 인생의 루틴 같은 것이 필요해 보였다.

직업의 특성상 개인적인 시간과 공간을 활용해야 할 때가 많다. 일정상 다른 동료나 친구들과 함께하지 못하는 경우, 해외에서 조인 플레이도 즐기고, 날씨와 관계없이 연습장을 이용하여 컨디션 관리도 병행할 수 있었다. 그간 별도 레슨을 받아보지 않은 이유 중 하나는, 연습장에서 상급자나 하급자나 내장객들은 나의 코치가 되어 주었다.

좌우측에서 한마디 던져주는 사람들이 있었고, 옆자리에서 레슨을 받고 있는 경우에는 열심히 훔쳐보고, 듣고서 샷을 바로잡기도 했다. 다른 이유 하나는, 많은 사람들의 조언과 TV 레슨 프로그램에서 얻은 결과는 나의 것이 될 수 없다는 결론이었다. 즉, 내 인생의 루틴을 타인에 의해 좌고우면左顧右眄하지는 말자는 것이다. 물론 프로가 되기 위한 과정이라면 내가 대하는 골프와는 다를 것이다.

이렇게 시작한 골프는 마음대로 되지 않으니, 조금씩 스트레스가 쌓이게 되었다. 겨울철 입은 니트에서 김이 올라올 정도로 땀을 흘리고, 손바닥에 물집이 생겨 터지는 열정으로 연습을 했지만, TV에서 보는 샷을 따라갈 수 없음이 자명하였다. 이왕이면 잘 치고 싶은 것이라지만, 과한 욕심이었다.

시간이 흐르며 더디게 다시금 나를 돌아보며 깨우쳐 갔다. 내가 골프를 시작한 이유를 짚어 봐야 한다. 숨을 골라야 한다. 골프에서 중요한 루틴 중 하나가 올바른 스윙이지만, 그전에 오는 '멈춤'의 순간은 더욱 그러하다. 클럽을 잡고 서서, 목표를 바라보고, 숨을 고른다. 그 찰나의 정적 속에서 나는 내 마음과 대화를 나눈다.

인생도 그렇다. 급하게 결정한 일들은 대부분 후회로 돌아왔고,

호흡을 가다듬고 내디딘 발걸음은 흔들림이 덜했다. 달리기만 하다가 멈추는 법을 알고 나니, 골프가 다시 보이고, 숨을 고르는 기술이 곧 삶의 품격임을 알게 되었다.

캐디 <sup>경기보조원</sup>가 없는 세계의 여러 곳의 골프장을 다니면서, 자연과 공존하고 상호 배려하는 골프장을 다수 보았다. 대부분의 미국 골프장에는 거북이, 거위나 오리 등 날지 못하는 새 종류들이 공존하고 있으며, 악어 종류가 해저드 연못에서 사는 경우도 있었다.

최근 몇 년 전에 가본 샌프란시스코에 위치한 Crystal Springs Golf Course에는 사슴들이 무리 지어 페어웨이에 서 풀을 먹는 모습을 볼 수 있을 정도로, 야생 보호 지역으로 동물과 공존하는 골프장이기도 하다. 그곳은 경제적 여유를 가진 자들의 공간이 아니라, 공원 같은 모든 사람들의 휴식시설이라는 것이다. 따라서 이용자들은 스스로 관리하는 느낌으로 즐기고 있었다.

골프 치는 사람들은 페어웨이 파진 잔디를 가져다 수리하고, 그린 위의 자국 보수, 벙커 발자국을 정리하는 습관 같은 매너를 가지고 있었다. 나는 지금도 그린 자국 보수를 위한 도구를 챙기고 나간다. 공 닦는 수건도 챙기는 습관은 캐디 없이 플레이한 구력에서 얻은 습관이다.

골프는 매너를 강조한다. 나는 어떤 태도로 인생을 살아 살아왔는가?라는 질문을 던지면서 시작하는 운동이다. 경기 스코어는 혼자 결과를 만들어내지만, 동반자의 플레이를 존중하는 태도가 우선이 되어야 한다. 스스로 점수를 기록하는 유일한 스포츠로서, 규칙을 위반했더라도 아무도 모르게 넘어갈 수 있지만, 골퍼<sup>Golfer</sup> 자신이 벌타를 선언할 줄 알아야 한다. 즉, 양심이 심판이 되는 스포츠이다.

KLPGA 경기 중 윤이나 선수는 본인 공이 아닌 오구 플레이로 징계를 받고, 한동안 대회에 출전을 못한 사례가 몇 년 전 있었다. 지금은 LPGA로 진출하여 세계적인 선수로 성장한 선수가 되었다.

비단 프로 선수들의 이야기가 아니더라도, 우리 아마추어들은 양심적으로 경기를 진행해야 하며, 자신을 절제하고, 실수를 남 탓하지 않으며, 좋은 샷에는 겸손한 자세로서, 플레이 전체를 존중하는 마음으로 진행하는 것은 인생의 기본 예의처럼 보인다. 잘 친 사람보다, 예의 바른 사람이 더 오래 기억에 남는 것이다. 스코어는 다음 라운드가 되면 잊혀진다. 하지만 남의 볼을 찾아주던 손길, 벙커를 정성스레 정리하던 뒷모습, "괜찮습니다" 한 마디에 따뜻함은 오래간다. 인생도 마찬가지다. 결과보다 더 중요한 건, 그 과정에서의 자세와 태도이다. 내 방식대로 살아왔지만, 남의 방식을 인정할 줄 알아야 한다. 양심을 저버리고, 매너가 상실된 동반자들과 플레이는 한동안 마음이 편하지 않았다.

인생과 골프가 연결된 키워드가 있다. 첫 홀 티박스에 올라서면 만감이 교차한다. 숨이 가빠지고 아랫도리가 보이지 않게 떨린다. 몸이 경직되고, 굳어 있어서, 첫 티샷 실수가 많은 것이 일반적이다. 인생의 출발선에서 겪는 과정이라 비유되고, 용기를 가져야 한다는 것이다.

골프공이 잘 놓여있는 넓은 페어웨이는 평범한 길이며, 일상으로 연결된다. 때로는 넓고 안정된 길이라도, 예상하지 못한 실수로 벙커에 들어가는 경우가 있어, 내 앞에 닥친 위기이며, 어떤 함정으로 볼 수 있다.

또 다른 어려움이 있다. 넓은 페어웨이 주변에는 러프가 양 옆으로 띠로 연결되어 있어서 출발시에 길을 많이 벗어나면, 정상적으로 순탄한 길을 찾아오기 쉽지 않다.

각자 삶의 과정은 다르다 해도 결승선에서 마무리를 잘해야 하듯이 퍼팅이라는 중요한 관문이 기다리고 있다. 사람은 모두가 다양한 핸디캡을 가지고 있다. 극복해야 하는 약점일 수도 있고, 혹은 인생의 조건이기도 하다.

이래서 골프는, 첫 홀에서 실패해도 주어진 17번의 기회를 활용해서 만회해보려는 인간의 도전 정신으로 평가하고 싶다. 내가 골프를 즐기는 이유이며, 지금도 그 특유의 매력적인 가치를, 지인 및 친구들과 함께하며 삶의 리듬을 유지하는데 큰 도움이 되고 있다.

2000년 초 뉴욕에서 체류 기간 중 맨하튼 북쪽에 위치한 Van Cortlandt Golf Course에서 현지인들과 조인 플레이 중에 파3에서 홀인원<sup>Hole In One</sup>을 했었다. 통계 확률이 다소 차이가 있지만, 프로 선수들에게는 2,000번 이상의 샷에서 나올 수 있는 확률이고, 구력이 있는 아마추어는 5,000번 이상의 샷에서 나올 수 있는 경우의 수라고 하니 분명히 운運이 크게 작용한다.

그날 역사적인 순간을 카메라에 담을 수 있었다. 아침에 디지털 카메라 배터리를 교환하고, 이런 일이 생길 거라 예상이나 한 듯 마침 휴대를 하고 있었다. 골프장 측에서는 주변 내장객들에게 사실을 알리면서 축하의 분위기를 띄워 주었다. 나는 이런 주위의 관심 조차도 어리둥절하였다. 파3 그 현장의 모습은 담았지만, 이곳 정서상으로는 특별히 할 것은 없는 듯하여, 동반자 중 한사람인 Delta항공 퇴직자와 클럽하우스에서 맥주 한잔과 햄버그를 준비하고 자축하였다.

두 번째 홀인원이 2023년 6월에 군 시설인 태릉골프코스에서 발생하였다. 동기생들의 정기 골프모임이 있던 날 소위 말하는 사고를 쳤다. 첫 번째의 경험은 어리둥절했지만, 이번에는 담담하게 행운에 즉시 감사를 표시하고, 골프장 측에서는 인증서 발급과 동시에 리턴 매치를 하도록 티를 하나 배정해 주었다. 함께한 동기생들과 뒤풀이도 하고 보니, 홀인원 보험을 가입하지 못한 것이 큰 아쉬움으로 남았다. 이후 또 다른 소식을 기대하며 보험을 가입하지 않을 수 없었다.

내 인생의 멘토가 된 골프, 이유를 정리해야 하겠다. "골프는 치는 운동이 아니라, 삶을 다루는 연습이다" 즉, 기술이 아니라 마음가짐, 기록이 아니라 사람됨, 경쟁이 아니라 걸어온 여정과 함께한 동반자였다.

시작은, 느낌 정도로 의미가 불분명하고 미미했으나, 과정은 강하고 분명하게 실행했다. 청년 시절 내 주변에 삶의 태도, 가치관이나 인생 철학을 나누는 휴먼 멘토는 없었다. 그래서 골프는 이렇게 나에게 다가왔던 것이다.


첫째로, 자신의 삶을 조용히 보여주는 태도이다. 실수를 해도 침착하고, 동반자를 존중하며, 자신을 탓하지 않는 모습은 말없는 가르침이었다.

둘째는, 정답을 주지 않고 방향을 제시했다. 어떻게 처리하라고 이야기해 줄 수 있으나, 티샷은 본인이 해야 한다는 것을 알기에, 인생도, 골프도 자기 스윙으로 가는 거라는 사실을 제시하였다.

셋째는, 이기는 법 보다는 함께하는 법, 경쟁보다는 배려를 먼저 가르친다. 매너와 품격을 더 중요하게 강조하는 스포츠로서, 잘 치는 사람보다, 함께 치고 싶은 사람으로 남아야 된다는 가르침이었다.

넷째는, 골프도 인생처럼 동반자와의 조화를 중요하게 여긴다. 이기고도, 굳이 이기지 않더라도, 겸손하게 웃을 수 있는 사람으로 살아가는 아름다운 메시지를 던진다. 스윙으로 삶을 이야기하고, 필드에서 관계를 다듬고, 매 홀에서 배움과 겸손, 위기를 기회로 삼는 지혜, 그리고 인간다움을 가르치는 나의 영원한 멘토, 골프이다.

# 한울림 합창단과
# 행복한 동행

지난 3월 초 토요일 오전부터 여의도 주변 도로에는 많은 인파로 인한 교통혼잡을 예고하고 있었다. 서울 곳곳에 탄핵 관련한 집회가 열려서 대중교통을 이용하도록 가족에게 당부하고, 국민일보 건물에 위치한 여의도 영산 아트홀로 향했다.

내가 참여하고 있는 합창단이 2015년 창단하여 10주년이란 뜻 있는 행사를 준비하였다. '함께한 전우, 행복한 동행'이란 주제가 의미하듯 우리를 노래하는 자리를 마련하였다. 50대 중반에 들어, 사관학교 예비역 몇몇 동기생들이 의기 투합意氣投合하여 결성하였다. 특히, 국방부 군악대장을 역임한 동기생이자 지휘자의 헌신으로 발자취는 시작되었다.

나는 비행 스케줄상 활동이 여의치 않아 2년 후 참여하게 되었고, 내 인생에 탁월한 선택 중 하나로 손꼽을 수 있다. 퇴직 후 삶의 큰 줄기 중 하나인 사회 봉사라는 부분에서 공감하였고, 나라 사랑과 헌신을 이어가며, 동기생 간의 조화로운 동행을 하는 모습에 무엇보다 높이 평가하고 싶었다.

사관학교 예비역 동기생으로 이루어진 합창단은 전군에서 유일하다. 그간, 창단 1년여 만에 국방부 장관기 군가 경연 대회에서 우수상을 수상하면서, 다수의 공식 행사에 참가하였고, 2017년 광림 아트센터 창단 음악회, 2018년 영산아트홀 음악회, 2023년 CTS아트홀 음악회, 2023년 울릉도 군민 음악회 등에서 중후한 하모니를 선사하며, 정기공연을 계속 이어가고 있다.

가장 보람 있는 행사는 단연코 자녀들의 결혼식 축가를 선사하는 자리이다. 10년간 110회 이상의 결혼식 축가 봉사를 통해서, 행복한 자리에 감동을 울리는 큰 보람은 계속 진행되고 있다.


"혼자 부르면 노래지만, 함께 부르면 삶이 됩니다"라는 어구가 참 쏙 들어온다. 소리로 마음을 나누는 공간에서 만남은 특별한 가르침이 있었다. 음계도 잘 몰랐던 중년들의 몸부림은 서로 들으며, 맞추며, 배려하는 법을 배워가고 있다. 임관 후 40년 이상의 각자의 삶의 영역에서 가치를 쌓아온 단원들이다. 몸에 베인 일사불란 一絲不亂한 팔로우와 팀워크는 합창단 활동에 큰 원동력이며 추진력이 되었다. 행사 지원에 관련해서는 개인적인 일정을 조정해서라도 참여하는 헌신적인 열정들이 있어서 창단 취지를 뒷받침하고 있다.

나는 한동안, 비행 스케줄로 연습 일자, 행사 일정 참석에 어려움이 많아 초기에는 단원들과 호흡을 맞추기가 쉽지 않았다. 연습 간에 찍은 동영상이나 녹음한 내용으로 체류 중인 호텔에서 복습하고, 비행 중 휴식시간에도 악보를 보는 습관이 생기기도 하였다. 급기야, 연간 휴가를 쓰면서 노력해 왔고, 이제는 휴가까지도 쓸 필요가 없어지니 평창 <sup>平唱</sup>으로 가는 길, 큰 장애는 사라지고 여유 있는 발걸음이 되고 있다. 단순한 여가활용을 넘어 은퇴 후 나의 삶의 질을 새롭게 정의하는 계기가 되었다.

합창단 활동은 단순히 노래 연습이나 무대에 서는 것 이상의 의미를 가지게 되었다. 즉, 은퇴 이후의 삶을 건강하고 풍요롭게 이어가는 데 중요한 역할을 한다. 우선적으로, 합창단은 새로운 공동체로서 은퇴 이후의 삶에 다시금 소속될 수 있는 장을 제공하고 있다. 정기적으로 만나며 연습하는 과정에 협동과 유대감이 자연스럽게 생기는 이유가 몇 가지 있다.

우선 하나는 '내 목소리가 누군가에게 울림이 된다'는 사실에 자존감을 회복하고 정서적 만족감을 채우는데 큰 역할을 하고 있다. 또 하나는 '무대에서 노래한다는 기대감'이 새로운 곡을 익히는 과정마다 뿌듯한 성취감을 경험할 수 있고, 연습을 통해서 공연을 준비하는 과정 속에서 무대의 주인공이 되어 가는 듯하다. 매주 화요일 '기대되는 시간'이 있다는 것은 삶의 만족도가 자연히 높아지고, 생활에 리듬과 활력을 넣어주고 있어서, 건강한 노후를 유지하는데 큰 도움이 아닐 수 없다.

최근에 새롭게 연습곡, 투 코리언서가 부른 '젊었다'는 1970년대 우리의 젊은 시절 회상과 아쉬움을 노래하고 있는 것 같아서 애착이 생긴다.

진짜 사나이 한울림 합창 단원

한울림 창단 10주년 음악회

# 퇴직 첫걸음,
# 지역 자원봉사

돌아본 내 삶의 대부분을 군軍, 회사라는 조직에서 지내 왔다. 그 속에서는 생존을 위한 과정이었음을 부인할 수 없고, 나 자신의 영달을 위한 속내를 안고 살아왔다. 상명하복, 권위, 자존심, 우월감으로 점철되어 있었다. 퇴직을 준비하는 내 마음속을 차지하는 한 구석에는 적지 않은 공허함을 발견할 수 있었다. 경제적 능력, 대인관계, 취미생활 등으로 메꿀 수 없는 것이었다.

'나를 땅에 내려 놓아야 한다'는 과제가 매우 절실하게 느껴졌다. 더불어 살아가는 사회 공동체가 어떻게 엮여 돌아가는지, 왜 이웃들의 모습이 어두웠는지, 청소하는 아주머니의 밝은 모습이 무엇을 말하는지, 그 속으로 들어가서 의문을 찾아야만 할 거 같았다.

조끼를 입고 길가에서 긴 집게로 쓰레기를 줍고 있는 한 무리의 사람들을 보면서, 일정 임금을 받고 일하는 경제적 어려움에 있는 사람들이라고 생각하고 지나쳤던 기억이 있다. 내가 생각하지 못한 이웃 공동체 주변의 모습을 간과한 부분이 무엇인지 알고 싶었다.

한동안 봉사라는 단어 앞에서 머뭇거리고 있었다. 내 삶에 봉사라는 것은 먼 거리에 있었고, 보여주기 위한 행동으로 봐 왔던 적도 있기 때문이다. 용기 있게 내가 처음으로 접속한 포털 사이트는 1365 자원봉사 포털이다. 행정안전부가 운영하는 국가 자원봉사 통합 시스템으로, 전국의 자원 봉사 활동을 온라인에서 편리하게 처리할 수 있는 플랫폼이다. 공적인 바탕에서 자원 봉사를 진행할 수 있다는 믿음을 계기로 만들게 되었다.


자원봉사의 첫 장소로는 고양시 한 곳의 주민센터에서 모집한 주변 쓰레기 줍기와 화단 환경정리 작업이었다. 가벼운 차림으로 집을 나서는 나에게 '할 수 있겠느냐'는 가족의 염려 어린 응원을 받으며 집을 나섰다. 흐린 날씨에 빗방울이 조금씩 떨어지고 있어서 우산을 들고 지정된 주민센터에 도착했다.

젊은 청년들이 몇 명 먼저 와 있었다. 자원봉사는 2시간으로, 담당자의 간단한 설명을 듣고 우선적으로 화단 잡풀을 제거하는 작업을 하였다. 대부분 익숙한 듯이 준비해 둔 장갑과 장비를 챙겨서 잡초 작업을 하였다. 나는 시골 출신이라 이런 경우를 많이 겪어 경험해 본 단순한 일들이라 부담 없이 작업을 하였다.

약한 빗방울로 우비를 입고 보니 땀도 나지만, 잠시 고개를 드는 틈에 지나가는 행인들의 모습도 여유 있게 볼 수 있었다. 별도의 쉼 없는 작업은 계속되고, 화단 작업이 끝 날 무렵, 긴 철재 집게와 비닐 봉투를 지급받아 길거리에 버려진 담배 꽁초 등 쓰레기 줍기에 나섰다.

내가 무심코 버린 쓰레기를 다시 줍는 모습이기도 했다. 예전에 지나치며 바라보았던 광경이 반대의 측면에서 이루어지고 있었다. 주민센터 담당자 이야기는, 자원봉사자 없이 한정된 재정 상태로는 이런 작업을 할 수가 없음을 털어놓았다. 이렇게 자원봉사자들의 역할이 필요한 분야가 다양하게 있다는 사실을 인지하고 첫 번째 봉사 활동을 마쳤다.

가족이 붙여준 명예로운 그 이름 "봉사자님"이다. 회사 재직 때 출근 시보다도 예우를 갖추어 배웅하는 가족의 미소는 행복한 봉사자의 마음과 자세로 이어졌다. 스케줄에 맞추어 내가 참여할 봉사 내용을 선정하고 신청하면 '나의 자원봉사'란을 통해서 승인을 알 수 있게 된다.

나는 다양한 분야를 경험하고 싶었다. 하지만, 항목에 따라 봉사자 연령과 경험분야를 요구하는 부분이 있기도 함으로, 매월 가능한 분야와 날짜를 찾아 선정하는 노력도 필요하였다. 경기도 생활체육인 체육대회 행사안내, 일산경찰서 민원실 안내, 호수공원도서관 안내, 고양시 예술축제 안내, 노인 일자리 박람회 안내, 일산 노인복지회관 스마트폰 교사 보조, 호수 공원 환경의 날 행사 플로깅 plogging 활동 등 지속적으로 봉사가 가능한 것은 정기적 신청을 하기도 하였다.

특히, 덕양 노인복지회관 배식 및 청소 활동은 여러 번 고정적으로 참여하였다. 자원봉사는 보통 2~4시간이지만, 내용에 따라 집중적인 활동을 할 때는 피로를 느낀 적도 있었다. 노인 복지회관 배식 봉사 시, 철판 식기 700개 이상을 배식자에게 숙달되지 못한상태로 전달하는 과정에서 손톱에 상처가 났던 적도 있었다.

자원봉사자들의 참여가 인건비 등을 절약함으로써 양질의 식사를 3,500원에 해결할 수 있게 되어 지역 복지시설을 이용하는 분들에게 큰 도움이 되고 있었다. 모든 봉사 활동에는 기본적으로 음료 및 식사 제공하지 않는다. 대가를 바라지 않는 순수한 지역민으로서 사회 활동이라는 측면이 바람직해 보인다.

매년 고양시가 봉사자들 노고에 감사한다는 메세지와 공용 주차장 무료 이용권, 자원 봉사자들을 위한 문화관람권을 제공한다는 안내에 시민의 한 사람으로서 보람을 얻기도 하였다.

그야말로 '나를 땅에 내려놓기' 프로젝트는 순조롭게 진행되어 왔다. 나의 작은 일손은 앞으로도 무리하지 않는 범위에서 이어갈 것이다. 2024년 우리나라 자원봉사자는 다양한 부분에서 인구대비 4.3% 가까이 참여하고 있는 것으로 통계로 나와 있다. 이는 2024년 말 기준 1365자원봉사 포털 통계로, 5,100만명의 전체인구에서 한 해 1회 이상 참여한 인원 218만 명이 활동한 결과이다.

20대가 가장 활발히 참여하고, 30대와 70대 이상은 참여율이 비교적 낮은 편으로 나왔다. 내가 현장에서 확인한 결과, 20대가 가장 활동이 많은 이유 중 하나는 국내 대부분 대학에서 운영방식에 다소 차이는 있지만 학점을 부여하기 때문이다. 일부 대학에서는 졸업 필수 조건이라는 사실을 함께 봉사한 학생들로부터 확인하였다.

선진 외국에서 '자원봉사 Volunteering'는 시민의 책임이자 문화적 가치로 자리 잡고 있으며, 단순한 '도움'을 넘어 사회 참여와 공동체 기여의 핵심 활동으로 간주되고 있다는 것이다.


미국, 영국, 캐나다 등은 초등학교부터 자원봉사 교육을 진행하고 단순봉사가 아니라 시민으로서 권리와 책임을 배우는 기회로 여기고 있고, 청소년 봉사는 대학 입시, 장학금, 인턴쉽 등과 밀접하게 연계되어 있다. 미국의 일부 고등학교 졸업 요건으로 봉사활동을 필수화 하는 곳도 있고, 대학은 교과 외 활동, 인성 평가의 지표로 매우 중시하고 있다는 것이다.

결국, 일찍부터 선진국들은 정부 및 민간차원의 체계적 지원을 하고, 전통적인 복지 중심 활동 외에도 다양한 참여를 유도하고 있다. 미국은 자원봉사 참여율이 한 해 기준 30~35%을 나타내고 있는 상황을 보면, 단순한 '좋은 일'이 아닌, 시민 의식, 교육, 정책이 결합된 시스템의 일부라 해야 할 것이다. 우리나라도 '자원봉사=점수나 인증시간'이라는 인식에서 머물러서는 안 되며, 공동체를 위한 자원봉사의 핵심 가치를 지향해야 한다.

책상에 놓인 달력에 이번 달 봉사일정에 빨간 펜으로 동그라미를 그려 놓았다. 덕양구 독거노인을 위한 도시락 배달이 기다리고 있다.

노인 복지회관 배식 자원봉사

# 명품 강사들과
# 안전한 사회 만들기

내가 퇴직 후 사회 공동체에 대한 관심은 자원봉사를 통해서 점진적으로 안목이 확대되는 느낌을 갖게 되었다. 다른 측면에서 바라보거나, 펼쳐 놓았을 때, 사회 공동체를 위한 참여 방식이 다양하다는 사실이다. 이런 가운데 뜻있는 많은 사람들의 참여와 노력으로 사회 공동체는 유기적이고, 효율적으로, 안전한 삶을 영위하고 있는 것이 분명해 보인다.

사회 공동체에서 '안전망Social safety net'은 반드시 고려되어야 하며, 선행 조건 중 하나라 볼 수 있다. 우리나라 경제 수준이 크게 향상되어, 2024년 기준 GDP 대비 1인당 국민소득은 3만 6천 달러를 넘었다. 이는 대만 3만 5천 달러, 일본 3만 4천 달러를 상회하고, IMF가 2027년 한국 성장률 고려하여 4만 달러를 전망하고 있다.

이와 같이 우리나라가 선진국 반열에서 있으나, 내가 그동안 노인 일자리 업무지원, 복지회관 등 자원 봉사를 통한 체험과, 노후 생활전문가 과정을 공부하면서 느꼈던 한 구석에는, 사회 공동체가 추구하는 가치를 구현하기 위한 최소한의 안전망 기준이 필요하다고 생각했었다.

첫째는 사회적 배제 방지이다. 인간다운 삶을 유지하기 위한 기본 생계 보장이 되어야 한다. 국민 기초생활보장제도, 긴급복지 지원제도 등으로 취약계층에 대한 일정 수준의 현금 및 현물 지원이 필요하고, 사회적 고립이나 단절을 막아야 한다.

둘째는 공정한 기회를 갖도록 해야 한다. 교육, 취업, 참여 등 공정하게 최소한의 기회를 누구에게나 제공하여 불평등의 고착을 막고, 공동체 내 상호 신뢰를 유지해야 한다. 무상교육, 직업훈련, 지역 공동체 사회참여 기회를 제공하는 것이다.

셋째는 위기 대응에 대한 상호부조 체계를 유지하는 것이다. 재난, 질병, 실업, 빈곤 등 위기 상황에서 공동체가 함께 책임지는 구조로 전환되어야 한다고 보고 있다. 긴급복지제도, 마을단위 돌봄 시스템, 지역 사회 네트워크 등을 통해서 최소의 안전망 유지가 충족되어야 지속 가능한 선진 복지국가로 이어질 것이다.

우리나라에는 국가 차원에서 사회 안전망을 보완·강화하는 데 기여하는 사단법인들이 다수 존재하고 있다. 이들 단체는 정부정책을 보완하거나, 특정 취약계층을 지원하거나, 위기 상황<sup>재난 등</sup> 대응 시스템을 구축하는 데 핵심 역할을 하고 있다. 나는 새로운 측면에서 사회 공동체를 위한 참여를 고려해 왔다.

이런 관심 속에서 뜻을 같이하는 자타공인 전문 강사들의 소개와 지원으로 참여하게 된 (사)한국민방위안전협회는 사회 안전망 구축의 선도적 역할을 통해 정부 정책을 구현하고 지원하기 위해 설립되었으며, 내가 바라본 한 측면에서도 그 취지가 상당히 부합하였다.

행정 안전부의 지원을 받아, 국민 안전 재난대응<sup>국민안전지도사, 재난안전관리사, 지진안전교육강사 등</sup>을 위한 우수한 강사를 배출하고, 민방위 전문 강사진 활동지원, 공익활동지원사업, 찾아가는 생활안전교육, 어린이 이용시설 종사자 안전교육 등 사회 안전망을 확보하고 유지·관리하는 데 지대한 역할을 하고 있다는 사실을 확인할 수 있었다. 또한 대학이나 기업과 업무협약, 지식 행복 나눔 포럼 등으로 지역 사회 네트워크를 잘 유지하고 있었다.

명품 강사들과 함께 지내다 보면, 매우 활기찬 기운을 받은 나 자신을 발견한다. 그들에겐 보이지 않게 에너지가 넘친다. 가까이 있으면 여유와 부드러움이 있고, 강단에 서면 강렬한 카리스마를 느낄 수 있다. 나이가 들면서 점차 근력이 빠지듯이 목소리도 영향을 받을 법한데, 열정과 울림이 장내를 압도하는 모습에 매번 놀란다. 많은 연구와 노력, 건강관리를 통해 활동을 뒷받침하고 있다는 것이 분명하다.

이러한 자기관리는 더 철저해 보인다. 깔끔하고 단정한 복장, 강의 주제에 어울리는 스타일을 유지하면서 '내 강의는 강의가 아니라, 하나의 작품이다'라는 마인드로 청중 앞에 서고 있었다.

본인만의 콘텐츠, 슬로건, 메소드를 개발, SNS 및 온라인 프로필도 명품강사 이미지에 맞게 유지하는 등, 나만의 고유한 정체성과 가치를 명확히 전달하여 "기억되는 사람", "필요한 사람"이라는 자신을 브랜딩하고 있었다. 사회 공동체가 유기적으로 돌아가는 이면에는 소임을 묵묵하게 수행하는 책임 있는 모습들이 있기 때문이다.

봄철 어느 날, 동료 강사 회원들과 음악회에 참석한 적이 있다. 1부가 끝나고 쉬는 시간, 다른 쪽 아래층 관람석에서 한 사람이 넘어지고 의식불명으로 의심되는 상황을 목격하게 되었다. 이때 심폐소생술 강사로 활동하는 세 분은 지체 없이 현장으로 달려갔고, 구급요원들이 올 때까지 현장을 관리하였던 적이 있다. 이런 명품강사들과 함께하는 세상은 안전하고 행복한 사회를 만들어 가고 있음을 확신한다.

이즈음에, 내 인생 의미 있는 완성을 위한 그랜드슬램의 끝은 어디인가? 내 인생에 어떤 순간을 '그랜드슬램'이라고 부를 만하겠는가? 내가 아직 이루지 못한 마지막 한 조각은 무엇인가? 나는 무엇을 남기고 세상을 떠나고 싶은가? 이렇게 자문하고 싶다. 답은 보이지 않는다. 다만, 지금까지의 내 인생이 이미 위대한 챕터chapter였다면, 그 끝은 화려하게 만든 무대에서 박수를 받으며 떠나는 자리가 아니라, "아, 이 삶이면 충분했다."라는 마음의 고요함일 것 같다. 올해 고령자로서 지하철 우대용 카드를 수령하고 나서, "그 끝이 어디인지 고민하기보다, 오늘 한 걸음을 힘차게 내딛는 것이 그랜드슬램을 위한 발걸음이다"라는 결론에 이르게 되었다.

긴 세월 가슴 한 켠에 쌓여 있던 묵은 체증이 내려간 듯합니다.

차마 다 꺼내지 못할 것 같던 이야기를 써 내려가며, 마음이 한결 가벼워졌습니다.

언제 어디서 잊힌 기억이 불쑥 고개를 들지 모르지만, 그건 이미 흩어져 버린 비행운의 작은 조각으로 여겨야겠습니다.

이 글은 꾸밈이나 미사어구 없이, 그저 내가 겪어온 사실을 있는 그대로 담았습니다.

실수와 과오까지도 숨김없이 써 내려갔습니다. 그것들은 나를 단단하게 만든 과정이자, 성장의 동반자였기 때문입니다.

돌아보면, 힘들다고 투정하거나 환경 탓을 한 적은 없습니다.

다들 그렇게 살아왔으리라는 믿음이 있었기 때문입니다.

다만, 같은 현실을 마주해도 미래를 어떻게 그려나가는지는 각자의 선택에 달려 있습니다.

'장미는 장미처럼 피면 되고, 들꽃은 들꽃처럼 피면 된다'

성철 스님의 말씀은 오래도록 제 마음속에 자리 잡았습니다.

화단의 장미가 화려하다면, 길가의 민들레는 희망과 미소를 나눌 줄 안다는 것 입니다.

저는 근면과 성실, 물려받은 건강을 밑천 삼아 꿈을 쫓았고, 결국 나 자신을 믿을 수밖에 없었습니다.

걸음은 때로 한 박자가 느렸지만, 중요한 순간마다 자존감과 소신 있는 언행으로 제 기준을 지켰습니다.

좁은 시야에 갇히지 않으려 했고, 더 넓은 자유를 향해 나아갔습니다. 길들여지지 않은 생각은 제 안에서 변화를 갈망하게 했고, 발전을 가능하게 하는 힘이 되었습니다.

이 길 위에서 옷깃을 스치듯 만나, 짧게 혹은 길게 함께 걸었던 소중한 인연들이 있었습니다.

그 인연들이 있었기에 저는 오늘 이 자리까지 올 수 있었습니다.

돌아보면, 내 발걸음 위에는 늘 하늘이 함께했습니다.

때론 흐렸고, 때론 눈 부셨습니다. 이제 고개를 들어 올려다봅니다.

언제나 그 자리에 있어 주던 하늘처럼, 저의 삶 또한 누군가에게 변함없는 위안이 되길 바랍니다.

그것이 제가 살아온 길을 마무리하며 바라는 마지막 소망입니다.

# 비행운이 사라지기 전에
# 남긴 이야기

초판 1쇄 발행  2025년 11월 27일
지은이  이재성
펴낸곳  (주)에스제이더블유인터내셔널
펴낸이  양홍걸 조순정

주소  서울시 영등포구 영신로166 705 북플레이트
구입 문의  02)2014-8151
고객센터  02)6409-0878

ISBN 979-11-7550-040-2 03800

북플레이트는 작가가 주인이 되어 직접 기획하고 책을 만드는, 작가가 주인공이 되는
공간입니다.
책을 만드는 일에 동참하실 작가님들을 모집합니다.
www.bookplate.co.kr